How
Stereotypes
Affect Us
and

What
We Can Do

Whistling Vivaldi

韋瓦第效應

你的人生是不是被貼了標籤？
別讓刻板印象框住，普林斯頓大學必讀心理學講義

Claude M. Steele
克勞德・史提爾——著
顏湘如——譯

獻給桃樂絲（Dorothy），
並以其加入家族的順序依次獻給喬麗（Jory）、班（Ben）、戴娜（Dayna）、
西尼（Sidney）、柯曼（Coleman）和馬修（Matthew）
也獻給我的父母露絲與薛畢．史提爾（Ruth and Shelby Steele）

目次

致謝

雖然我一再聲明心理學家只寫文章不寫書，Skip Gates 和 Roby Harrington 仍不斷鼓勵我撰寫此書，為此我感謝他們。我還要感謝他們在我寫作期間所給予的支持和耐心，以及出版系列叢書的想法。

社會心理學研究需要分工合作，本書的敘述架構正是來自我研究工作中最核心的合作成果。因此，全書提到許多合作者（其中多人對書中部分章節提出評論意見）。但有一些合作者的研究雖然最終沒有採用，卻對我的研究和思考有重要影響，這些人包括 Priyanka Carr、Emily Pronin、Daryl Wout、Julie Garcia 和 David Sherman。

我也要特別感謝 Hazel Markus 和已故的 Robert Zajonc，他們除了給予友誼與支持，還隨時樂於參與討論書中想法並提出洞見，使得本書內容更豐富許多。此外還要感謝他們的女兒 Krysia Zajonc，熱心不藏私地分享她在大學的經驗，為本書增色不少。特別值得一提的是，科學家也是人，因為有了友人與同事的支持，才使本書又變得更好，這些人包括：Ewart Thomas、Jennifer Eberhardt、Carol Dweck、Lee Ross、Mark Lepper、Dale Miller、Larry Bobo、Marcy Morgan，以及我在史丹佛種族與族群比較研究中心（Center for the Comparative Study in Race and Ethnicity）的一些同事。另外，Keith Wailoo 和 Richard Nisbett 為前幾章提供了非常有用的建議。我感謝這些善意人士，但要強調，讀者們若是發現任何錯誤或錯誤判斷，責任絕不在他們。

我還要感謝 W. W. Norton 出版社的編輯 Mollie Eisenberg、Jake Schindel 和前面提到的 Roby Harrington，謝謝他們提供思考縝密且往往具有啟發性的意見，對本書各方面都助益良多，書中內容在他們溫和地推動與引導下更臻完善。同樣要感謝幾位兼任研究助理的學生，在各方面協助準備書稿：Hilary Bergsieker、Matthew Jackson 和 April House，尤其感謝 April House 在準備書稿的最後階段極其細心地蒐集參考資料。還有我的經紀人 Tina Bennett 讓整個寫書過程順利愉快，在此特別向她致謝。

研究工作少不了贊助者的善意，我永遠感謝美國國家心理衛生研究院（National Institute of Mental Health）提撥的幾筆研究經費，才使我得以從事本書中討論的研究。為此，我要特別感謝羅素塞奇基金會（Russell Sage Foundation）及其主席 Eric Wanner，在初期便願意給這項研究一個機會，並持續給予支持，我們才能發展出成熟的研究成果，有所貢獻。

最後，我要向史丹佛行為科學高等研究中心（Center for Advanced Study in the Behavioral Sciences）的同事致上謝意，幸得他們的容忍，我才能在這麼長的時間裡疏忽主任職守，完成本書。耐心是人類的善良天性，他們的確是一群善良的朋友暨同事。

第一章　序言：身分的根本

身分隨因狀況：這世上存在著一種秩序

我還記得最早意識到自己是黑人是在什麼時候。當時我七、八歲，是學年的最後一天，接下來有一整個暑假等著我們。放學後，我和同社區的小孩走路回家，途中才聽說除了每星期三下午之外，我們「黑人」小孩不能到附近公園的游泳池游泳。於是那年夏天每到週三，我們就穿上泳衣，包緊浴巾，像篷車隊一樣從社區魚貫走到鄰接白人社區的那個神聖泳池。那是每週例行的一趟怪異的朝聖之旅，標示出了某個時間與地點的種族秩序——一九五〇年代和一九六〇年代初的芝加哥都會區。對我而言，那正是心理學家威廉・克羅斯（William Cross）所謂的「遭遇」（encounter）——遭遇到這世上存在著一種種族秩序的事實。這項秩序似乎對我的人生做出沉重的暗示：難道我這一生只能在星期三下午游泳？為什麼？不僅如此，這還只是一連串事件的徵兆而已。緊接著我便發現我們黑人小孩只能在星期四晚上進溜冰場溜冰；其實在這些遭遇之前，住在我們社區的黑人小孩在我眼裡只是小孩而已。也就是說，我們只能在一星期的中間兩天當普通人？這些隔離措施實在讓人難以忽視，而且誤解的代價很大，譬如我十三歲那年，為了應徵桿弟，早上六點就到地區高爾夫球場等了一整天，結果被告知他們不雇用黑人，我這才意識到自己是黑人。當時還不知道身為黑人意味著什麼，但稍微察覺這是件大事。

經過數十年的思考理解，我想我現在知道是怎麼回事了。當時我所認知到的無異於一種生活的條件限制，而最重要的是，這種條件限制與我的種族有關，與我在那個時間、那個地點身為黑人有關。條件限制再簡單不過：**如果**我每週三下午跟著那個篷車隊去泳池，**那麼**我就能進入；**如果**我在其他時間去泳池，**那麼**我就進不去。對七、八歲的我來說，這是個很差勁的生活條件限制，不過條件限制本身還不是最糟的。舉例來說，如果是因為沒有拿垃圾出去丟，而被父母做這樣的處罰，我還不會這麼懊惱。讓我生氣的是，只因為是黑人就被迫接受這樣的條件限制，我根本無計可施，而且如果光只因為黑人這個身分就足以限制我游泳，那麼這個原因還會造成其他哪些事情發生呢？

多年後的一次訪談中，有位大學生（他會在本書稍後登場）向我敘述了一個類似的經驗。他修過一門「非裔美國人政治學」的課，班上同學絕大多數是黑人和其他少數族裔，只有兩名白人，而他是其中之一。他也描述了一種生活的條件限制：如果他在言論上顯得不夠重視非裔美國人的經驗，或是在思考非裔美國人的經驗時顯得困惑，那麼很可能被視為對種族無感，或者……甚至更糟；如果上課時他什麼都不說，那麼就能大大避免同學的懷疑。他的條件限制就跟我的泳池條件限制一樣，讓他在那個時間、那個地點感受到自己的種族身分，感受到自己是白人，這是他以前從未多想的一件事。

一些令人苦惱的問題就從類似的經驗中衍生出來。還會不會有其他的條件限制？會有多少？涵蓋在哪些生活範圍中？會不會關係到重要事情？能夠避免嗎？需要時時小心留意嗎？

當我遭遇到我的泳池限制，心裡十分困惑。這限制從何而來？像這種與身分有關的生活條件限制，至今仍令我困惑，不過關於起源，我已經有一個可以說得通的想法。這些條件限制起源於一個社會在特定時期，根據某種身分，譬如種族，所建構起來的方式。這種組織結構反映出來的不只是一個地方的歷史，還有個人與群體為了爭取機會和好的生活，而持續不斷競爭的現象。一九五〇年代末至一九六〇年代初，芝加哥都會區根據種族所進行的建構方式，諸如嚴格的居處隔離、實際存在的學校隔離、就業差別待遇等等，意味著那個時期、那個地點的黑人有許多與身分有關的生活條件限制，而讓當時七、八歲的我憂心忡忡的週三下午游泳限制，恐怕是其中最無關緊要的了。

本書要討論的是關於我和同事所謂的**身分隨因狀況**（identity contingency），也就是在某種情境中，你因為特定的社會身分，例如老年人、年輕人、同性戀、白人男性、女性、黑人、拉丁裔、政治保守派或自由派、確診的躁鬱症者、癌症病患等等，而必須面對和處理的事情。一般來說，隨因狀況就是你在某個情境中，為了得到想要或需要的東西，而必須去面對處理的狀況。在我年少時期的芝加哥都會區，我要想游泳就只能限定在星期三下午去游泳池。這是一種隨因狀況。我訪談的對象在上「非裔美國人政治學」課時備感壓力，因為他的忽略可能造成其他同學嚴重不滿。這也是一種隨因狀況。這兩種狀況之所以是身分隨因狀況，原因在於情境中涉及的人是因為具有特殊社會身分，才不得不去面對處理這些狀況。情境中的其他人無須去面對處理，只有和他身分相同的人才需要。本書將會檢視這些「身分隨因狀況」在我們生活中、在更大範圍的社會中，以及在某些極其頑強的社會問題中，扮演著什麼樣的角色。

當然，現今我們所屬的是一個個人主義社會，我們不願認為與社會身分有關的條件限制對日常生活有太大影響，尤其更不希望看到這種影響。我們有這樣一個信念：當障礙出現，應該大步穿越風暴，自力更生。我必須承認，我也是秉持這項信念的人。但本書要為此信念提出一項重要的附加條件，那就是當社會身分將某些生活的條件限制強加在我們身上，有可能強烈影響到一些重要事情，諸如上課和標準化測驗的表現、記憶力、運動表現、急於自我證明的壓力，甚至於與不同群體的人相處時的自在程度，總之都是一般認為取決於個人才能、動機和喜好的事。

本書的目的正是為了將這鮮為人知的社會現實面公諸於眾，希望說服讀者相信，倘若忽視它，比方說任由它籠罩在我們個人主義信念的陰影中，將會讓我們付出巨大代價，無論是個人的成功和發展上，或是在身分多元化的社會和世界裡的生活品質方面，抑或是我們的修正能力方面，身分對於社會成果分配仍有些不良影響，需要修正。

身分隨因狀況對我們有何影響呢？有一些徹底限制了我們的行為，例如進公共泳池的規定限制。還有一些影響雖然較細微，卻同樣強而有力，這些影響不是根深蒂固地約束行為，而是讓人隱隱感受到威脅。

刻板印象威脅：改變自己面對的情境

本書的核心重點是一種特殊的身分隨因狀況，亦即刻板印象威脅（stereotype threat）。我認為刻板印象威脅是標準的人生困境，源自於人類互為主體的能力，此能力指的是我們身為社會的一員，非常清楚其他成員對許多事情的想法，其中包括對主流群體與社會身分的想法。如果所有人都拿出一張紙，寫下這些身分的主要刻板印象，內容應該會有高度的一致性。換言之，無論在何種情境中，只要某種身分的不良刻板印象加諸於自己身上，譬如年老、貧窮、富有或身為女性，我們都會知道。我們會知道「別人可能怎麼想」，我們會知道一旦自己做出符合這種刻板印象的行為，就可能印證這種刻板印象，因此我們也知道別人可能會根據這些刻板印象來評斷、對待我們。這就是為什麼我認為它是標準的人類困境，因為它總會以某種形式發生在所有人身上，有可能是喪失記憶或人際關係疏離等等的刻板印象威脅，說不定一天還會發生好幾次。

這也是一種涉及身分的威脅，就像泳池的規定限制。只要處在與某種刻板印象有關的情境中，這種威脅就會存在。這意味著它會像一顆綁在頭上的氣球般如影隨形，跟著被烙上刻板印象的人進入這些情境，恐怕很難甩得開。

我們來看看布蘭特．史泰普斯（Brent Staples）的經歷。他現在是《紐約時報》專欄作家，可是當時只是芝加哥大學心理系的研究生。事發當日，這位年輕的非裔美國男性一身簡便的學生打扮，走在芝加哥海德公園社區街上。他自己這麼說道：

我成了恐懼的語言專家。情侶看到我，不是緊緊挽著手就是連忙牽起對方的手。有人會橫越到對街去。原本在交談的人會忽然住口，直視前方，就好像避開我的眼神能救自己一命……

我一直好傻，老是走在街上對那些怕我怕得要命的人笑著問好。光是我的存在就已經傷害了他們，我怎會懵然不知……

我試著想表達自己沒有傷人意圖，卻不知道該怎麼做……於是我開始避開人群。我改走一些偏僻無人的巷道，以免讓人覺得我在跟蹤他們……出於緊張，我開始吹起口哨，而且發現自己吹得很不錯。我的口哨聲純淨悅耳，音調準確。夜裡走在街上，我會吹一些流行曲調，從披頭四到韋瓦第的《四季》都有。路人聽見我的口哨聲後，緊繃的身體慢慢放鬆，甚至有幾個人在黑暗中與我擦肩而過時，還會對我微笑。（頁二〇二～三）

史泰普斯面對的是一個幽靈，是一種瀰漫在海德公園社區街道上有關他所屬種族的不良刻板印象，而這個刻板印象就是：這一區的年輕非裔美國男性有暴力傾向。其他群體的成員在其他情境中所面對的刻板印象或許不同，比方說可能是數學能力不佳，而不是有暴力傾向，可是他們的困境相同。當處在有可能被冠上刻板印象的情境中，他們都明白一旦走錯一步，自己就會被概括在那個刻板印象中，別人也會以這個印象來看待他。這就是刻板印象威脅，就是在這些情境中，因為他們的身分所產生的隨因狀況。

除非想出方法加以扭轉，就像史泰普斯那樣。史泰普斯以口哨吹出韋瓦第的名曲，而且依他自己所說，他吹得非常好。這樣做對他有何幫助？會改變他對路人的態度嗎？會讓他變得更善解人意嗎？應該不會。這麼做真正改變的是他面對的情境。而這種情境的改變精準地說明了刻板印象威脅的本質。他單憑一個舉動，就讓自己本身不完全符合「有暴力傾向的非裔美國男性」這個刻板印象。他展現出對白人文化的了解，甚至還是「高端白人文化」。路人也許聽不出他吹的是韋瓦第的音樂，卻能聽出那是古典樂，因此會對他另眼相看，認為他是受過教育、有修養的人，而不是有暴力傾向的非裔美國青年。這種青年通常不會用口哨吹著古典樂走在路上。於是民眾幾乎是在不知不覺中拋下了刻板印象，不再透過暴力傾向的有色鏡片看他。他看起來不再那麼具威脅性。路人不認識他，但是知道他不是可怕的人，恐懼從他們的行為舉止中消退。史泰普斯自己也變得輕鬆。那瀰漫在空氣中威脅著他的刻板印象就這樣被擋開了。路人與他本身的行為變化顯示出，一直以來區區的刻板印象作用在每個人身上的力量有多麼強大，而這種刻板印象就如一朵聚積著整個民族歷史的浮雲飄在空中。

本書談論的便是生活在這朵雲底下的經驗，我們每個人都有的經驗，還會談論到這樣的雲朵在塑造我們的生活與社會方面扮演著什麼角色。

印證印象與製造印象：心理學實驗告訴我們的事

假設你受邀參與一項心理學實驗，必須在一個室內迷你高爾夫球場打完十洞。再假設你是個運動神經還算不錯的白人大學生。如果就在你開始熟悉球桿時，得知打這場球其實是一項名為「密西根運動能力傾向測驗」的標準化運動心理學評量的一部分，用以評量「運動天分」，你覺得自己會有什麼樣的表現？得知打這場球是為了測試運動天分，對你有沒有影響？

幾年前，在普林斯頓大學由傑夫．史東（Jeff Stone）帶領的一群社會心理學者做了這樣一個實驗，發現非常有趣的一點：被告知打高爾夫球是為了評量運動天分的白人學生，表現遠不及事先未被告知的白人學生。他們同樣努力，可是打完十洞下來，平均卻多出三桿。

得知打球任務是為了測試運動天分，這點有何特別，為什麼竟會讓學生的表現差這麼多？

根據史東和學校同事推論，這與受試者是白人有關。若以我的用語來說，就是在評量運動天分的情境中，受到了白人身分的隨因狀況所影響。這個隨因狀況起因於我們社會裡一個廣為人知的刻板印象：白人可能比較不具運動天分，至少與黑人相較之下是如此。參與史東實驗的受試者，只要是這個社會的成員都會知道這個刻板印象。他們或許並不相信，但就在開始打高爾夫球之前，得知這項任務要評量的正是一般刻板印象中，他們所屬群體所欠缺的特性，可能讓他們陷入一種窘境：倘若他們表現不佳，可能讓人更確信這種刻板印象，並使得這個印象成為他們個人與所屬群體的代表特徵。於是他們可能因為這樣的心理因素而更加煩躁分心，以至於最後的平均成績多出了三桿。

我年少時期的泳池規定限制是一種直接影響行為的隨因狀況，但在這個實驗中，所屬群體給人的刻板印象，以及表現不佳時可能因為這種刻板印象而產生的負面詮釋卻不同，它沒有對打高爾夫球這件事強加額外限制，或是任何實質的阻礙。然而在這項高爾夫實驗中，這種刻板印象畢竟還是一種身分的隨因狀況。**如果**他們打球的表現欠佳，**那麼**就可能印證或是被認為印證了這個令人不快的刻板印象。**如果**表現沒有受挫，**那麼**就不會印證這種種族刻板印象。這是他們參與高爾夫實驗時必須面對的額外壓力，而原因正因為他們是白人。這個刻板印象瀰漫在空氣中威脅暗示著，只要走錯一步，別人就可能以「沒有運動天分的白人小夥子」來評斷他、對待他。（本書稍後會說明，我和同事為何直接將這種瀰漫在空氣中的無形威脅稱為**刻板印象威脅**。）

史東和同事依循這個論據，開始提出更多問題。

如果只是告訴普林斯頓的白人學生打高爾夫球是為了評量運動天分，就讓他們因為擔心落入刻板印象的窠臼而分心並影響表現，那麼同一句話告訴普林斯頓的黑人學生，應該不會對他們造成影響，因為一般人對他們沒有這樣的刻板印象。結果確實如此。史東和同事讓一群普林斯頓黑人學生，也接受了和白人學生一樣的實驗過程，果不其然，他們打高爾夫球的表現未受影響。無論有沒有被告知這項任務是為了評量運動天分，他們的成績都一樣。

這再次證明，當白人學生得知打球是為了評量運動天分，便會因為較大範圍社會對白人的刻板印象而產生令人分心的威脅感，自然妨礙了他們的表現。

不過史東的研究團隊仍不滿意，又設計出一個更巧妙的方法來證明他們的論點。他們的推論是：如果群體刻板印象真的能在無形中產生威脅，而且這種威脅足以妨礙到整個群體的具體表現，如打高爾夫球——就像史泰普斯在海德公園社區街上所必須對抗的刻板印象威脅——那麼應該也能製造一種刻板印象威脅，來影響黑人學生打高爾夫球的表現。其實他們在敘述高爾夫球任務時，只須說這是為了評量與黑人的某種負面刻板印象有關的特徵就行了。那麼當黑人受試者打球時，就得和之前實驗中的白人一樣，去閃避關於自己所屬群體的負面刻板印象。增添了這個壓力後，有可能打擊他們的表現。

研究人員驗證這個想法的方式很簡單，就是告訴新一組普林斯頓的黑人與白人學生，他們即將執行的高爾夫球任務是為了評量「運動策略智能」。只是簡單調整一下措辭，卻起了強大作用。如此一來，黑人學生在這個高爾夫球實驗過程中便面臨一個風險，他們有可能印證或是被認為印證一個非常久遠又負面的刻板印象：黑人比較不聰明。現在，當他們試著推球進洞，任何失誤都會讓他們變得敏感，覺得別人會以「比較不聰明的黑人小夥子」來評斷他、對待他。在這種情境中，這確實是一個沉重的身分隨因狀況，很可能讓受試者大為分心，進而影響到打球的表現。重要的是，在這個情境中，同樣的指令讓白人學生解脫了刻板印象威脅，因為一般對白人沒有「比較不聰明」的刻板印象。

實驗的結果十分戲劇化。如今在進行高爾夫球測試的過程中，黑人學生承受著屬於他們的刻板印象威脅，反觀白人學生則因為這個指令而消除了刻板印象威脅。因此黑人學生的表現遠遠落後，打完十洞的平均成績比白人學生多了四桿。

在這些實驗中，無論是將打高爾夫球視為運動天分測試的白人學生，或是將它視為運動策略智能測試的黑人學生，都並未受到身分隨因狀況的直接干擾，也就是說沒有任何因素像泳池規定限制一樣，直接影響到他們的行為。他們面對的隨因狀況都是無形中的威脅，這威脅就是：他們的高爾夫球表現可能會印證或是被認為印證某個負面的群體刻板印象，使得這個刻板印象成為他們所屬群體與個人的代表特徵。但無論如何，這仍是一個影響巨大的威脅。通常打完十洞大約只需二十二至二十四桿，但由於這個威脅，白人學生多了三桿，而黑人學生則多了四桿。

乍看之下，像刻板印象威脅這種「瀰漫在空氣中」無形的東西，其重要性很容易被忽視。然而再仔細一看，就能清楚發現這種威脅有可能是我們生活中一股頑強的力量。每當走在自己社區的街道上，史泰普斯就得去對抗它。在每場競賽中，尤其與黑人選手的競賽中，白人選手也得去對抗它。試想，在充斥著黑人競爭對手的運動中，白人運動員若想有高度傑出的表現，譬如進入以黑人為主的NBA美國職籃，就必須一生承受著成績表現情境的折磨，存活下來，並戰勝這些情境中額外的、與種族相關的威脅感。這種刻板印象不會單憑一次好的運動表現就了結，試圖加以駁斥只是徒勞無功，因為每逢新的重要表現場合就得重來一次。

本書的目的並非顯示刻板印象威脅是多麼頑強有力，以至於無法克服。其實恰恰相反。本書的宗旨是想證明生活中一個未受注意的因素，可能造成一些極其惱人的個人與社會問題，不過只要想出適切可行的方法來降低這種威脅，就能大大改善這些問題。

偏見與機會：我們對世界的了解是局部的

現在假設你參與了一項心理學實驗，但不是要求你上迷你高爾夫球場打球，而且較大範圍的社會群眾對於你所屬群體的運動能力，並無負面刻板印象。再假設研究人員要求你在限時的標準化測驗中解答高難度數學問題，而且較大範圍的社會群眾對於你所屬群體的數學能力，持有負面刻板印象。換句話說，假設你是一名美國女性，正在參與一項涉及高難度數學的實驗。

這種刻板印象威脅，這種在數學相關環境中，因性別產生的身分隨因狀況，是否足以影響你的測試成績？你能夠瀟灑地排除這種被冠上刻板印象的威脅，依然表現亮眼嗎？或者雖然做了額外努力，但完成限時測驗本身的壓力已足以影響你的表現？每當在有男性在場的環境中，試著解決高難度數學問題，你是否都會感受到這種威脅、這種身分的隨因狀況？在數學環境中的這種身分隨因狀況，是否會讓你沮喪到逃避數學相關的主修和職業？如果身處的社會對於女性數學能力沒有負面刻板印象，女性還會感受到這種威脅嗎？她們的成績會提升嗎？

或者假設研究人員要求你做的不是密西根運動能力傾向測驗，而是SAT學術水準測驗，假設你所屬群體的負面刻板印象不是關於運動能力，也不只是關於單一的數學能力，而是關於綜合學業能力。那麼再試問一次，你在學業環境中因身分隨因狀況所感受到的刻板印象威脅，是否足以影響你的考試表現？這個威脅是否會將你的心理資源從考試轉移到憂慮，而造成不良影響？你在學業環境中感受到的刻板印象威脅，是否會影響其他經驗，譬如課堂上的表現，以及與老師、教授、助教或甚至不同群體的其他學生互動的自在程度？這種身分隨因狀況是否會讓你灰心喪志，因而在選擇職業時盡量避開這樣的環境背景？

本書的目的正是描述過去二十年來，我和同事提出這些相關問題，進而有系統地逐一解答的過程。這個經驗就好像試著解開一個謎。本書讓讀者透過他人的視角看見謎底如何解開，看見一些想法與新發現如何漸漸成形。我們不時會從研究本身發現到刻板印象以驚人的方式影響著我們，包括我們的心智運作、我們的壓力反應、可能存在於不同群體成員之間的緊張感，偶爾也會出現令人大吃一驚的策略，不僅能減輕這些影響，還有助於解決某些極為嚴重的社會問題。由於科學幾乎已不再是一種單打獨鬥的活動，這一點我早已確信，因此書中描述了許多做過此研究的人和他們的研究方式。你還會見到許多體驗過這種威脅的有趣人士，其中包括知名記者、僑居巴黎的非裔美國人、在北卡羅萊納州鄉下從佃農躍升成富豪的人、躋身於美國幾所頂尖大學的學生，以及來自美國幾所遠遠不符標準的中小學基礎教育學校的學生。

雖然書中討論的議題可能牽扯到政治，但我和同事皆已盡力確保本書與書中傳達的內容不受意識形態驅策。身為社會心理學家，最早學到的一件事就是每個人都可能有偏見。我們無論如何都不可能無所不知，也不可能絕對客觀。我們對世界的了解與觀點只是局部，只是反映出個人生活的情況。這正是科學這門學問能派上用場的地方。它不會消除我們的偏見，卻能在約束偏見的同時拓展我們的視野和理解力。總之，我會在科學領域中表明我的主張。當我們在構思與研究結果之間不斷反覆來回，不僅能逐漸消弭偏見，同樣重要的是，我們也往往由此發現一些超越原始構思與深刻見解的現實面。每當有這樣的情形發生，而且確實發生過，就等於指引了我們的研究方向。我很希望看到自己最堅定的信念是來自這種發現，而非來自原先的想法，但願讀者在閱讀過程中也能一窺這樣的經驗。

在這個研究中，有幾個概括性的結果模式是以此方式一再出現。比起我展開研究之初的任何構思和預感，這些模式更加讓我堅信身分隨因狀況與身分威脅在我們生活中的重要性。

第一個模式是：儘管我們強烈感覺自己是自主的個體，證據卻在在顯示與社會身分相關的隨因狀況，確實會對我們人生的形塑造成一定影響，無論是在某些情境中的表現方式或是選擇的職業和朋友。在百米短跑的奧運選拔賽中，當世界級白人選手踏上起跑器，就和身旁的黑人選手一樣是自主的個體，他們面對的百米開闊跑道也毫無差異。然而根據研究顯示，白人選手想在這樣的情境中有好的表現，可能需要克服一種與種族身分有關而黑人選手無須面對的壓力。

第二個現實面在我們的研究中早已顯現，那就是身分威脅與這份威脅對我們的機能運作可能產生的危害，在某些極其重大的社會問題中扮演著重要角色。這些問題包括了種族、社會階級和性別的成就差距，而這樣的差距持續不斷地困擾、扭曲我們的社會；除此之外，還有同樣持續不斷的群體間的緊張狀態，經常擾亂我們的社會關係。

同樣在此研究中顯露出來的第三個結果是：這些威脅透過一個全面的過程，大範圍損害人類的機能運作，而這個過程涉及到心理資源的分配，甚至涉及一種精確的大腦活化模式。就好像是出現一股整合力量，讓我們明白這些威脅如何產生影響。

最後我們還發現，透過一系列的做法，不僅能減少這些威脅對個人生活的衝擊，也能降低它們在一些重要社會場所如學校和職場造成的影響。在此有一個真正令人振奮的消息：根據證據顯示，通常只要在學校和課堂上做一些切實可行的小事來減少這些威脅，就能大大縮小種族與性別的成就差距，這些差距可一直是我們社會令人沮喪不已的特色。

研究的發現讓我更堅信了解身分威脅的重要性，它不只威脅到我們個人在成就和改善群體關係等重要事項方面的進步，也威脅到社會的進步，以致無法實現身分融合的文明生活，以及我們這個社會的基本夢想「均等的機會」。我和同事獲得這份信念的歷程，都呈現在本書中。

現在我們就從這趟旅程的起點開始說起——一九八七年，密西根州安娜堡（Ann Arbor）。

第二章　身分與智能表現之間的神祕關聯

旁觀者視角：強調自己看見的，忽視自己看不清的

一九八六年春天，我在西雅圖華盛頓大學擔任心理學教授時，密西根大學向我提出了工作邀約。工作內容包括兩部分，其一是做為社會心理學家，就跟我在華盛頓大學一樣。我十分欣喜，因為密西根大學社會心理學研究所在當時是全美數一數二（至今仍是）。另一部分工作則是指導一項針對少數族裔學生的學業支援計畫。這份工作也很令我心動，當初正是因為對少數族裔學生教育的心理議題感興趣，我才會進入社會心理學領域。但我卻也擔心。若要「即時地」負責指導一項學生計畫，對我的研究會有何影

響？為了找出答案，我去訪視了這項計畫兩次。

第二次造訪安娜堡是在熱騰騰的七月底左右，連人行道都散發著熱氣。這次造訪具有決定性的意義。我看到了這項計畫的規模之大，不僅為四百多名學生提供諮詢、課業輔導和財務管理的服務，而且科層組織之龐雜就像管理一所擁有三萬六千名學生的大學似的。

第二次造訪後，我立刻知道我不會接受這份工作。因為一旦接下來，就非得停止研究工作，我根本還沒有做好這樣的準備。因此我知道該怎麼做，但是搭飛機回家時，我知道自己內心起了一些變化，看到這個計畫讓我的興趣產生轉變。我彷彿看見一種最核心的美國式奮鬥：一個機構努力想要消除種族、族群、階級之間的歧異。該計畫的行政與教職人員有一個使命，就是幫助那些未被充分代表的少數學生能有效地應付各方面要求極高的校園生活。舉個例子來說，密西根大學已有一百七十年歷史，校園裡稍具意義的種族融合卻只不過實施了二十年左右。從這次造訪，我知道我的研究生涯、我的學術生涯將轉往不同方向。

我認為觸發這個改變的原因有二。第一，從新觀點來看待一個已然熟悉的問題：美國大學校園中有太多的少數族裔學生求學艱辛。安娜堡之行讓我意識到我對這個問題有特定的想法，態度並不中立。關於大學生的生活，我是個門外的旁觀者。若要我說明任何學生的求學困境，我也會像大部分教授一樣，就旁觀者的視角、利用心理學家的理論工具來解釋：學生本身的問題、學生的動力、期望、自尊、文化取向、對教育的價值觀、工作習性、學術技能與知識、家人重視學校成績的程度等等。

幾年前，兩位社會心理學家愛德華・瓊斯（Edward Jones）和理查・尼茲彼（Richard Nisbett）提出一項主張：在解釋人類行為時，例如成就問題之類的事，「觀察者（觀察行為的人）觀點」與「行為者（執行行為的人）觀點」有極大差異。瓊斯和尼茲彼指出，身為觀察者，我們會注視著行為者，會注視著我們試圖解釋的行為與執行該行為的人，因此無論是實際或心理的視野都被這個行為者所占據，而忽視了對他起影響作用的周遭環境。在我們內心成形的影像中，行為者顯得格外清晰突出，對他起影響作用的環境則模糊不清。瓊斯和尼茲彼認為，當我們試圖解釋行為者的行為時，會因為這個影像產生偏見。我們會強調自己看到的東西，會強調與行為者有關、看似可以解釋其行為的東西，諸如個人特性、性格特質等等。關於其行為的原因，我們會忽視自己看不清的事物，也就是行為者正在適應的環境。第二次造訪安娜堡讓我注意到應該本來就顯而易見的一件事：我已經變成旁觀者，觀察著少數族裔學生與他們的學業困境。我來到安娜堡，內心抱持的想法就是看看學生可能做了些什麼，或是可能有哪些特性，導致他們無法獲得好成績。

但造訪期間，我與少數族裔學生，也就是面臨學業困境的主角交談時，他們完全沒有提到期望、動力、家人對教育的重視，甚至當我開門見山地問及這些因素，他們沒多說什麼。他們為自己能進入這樣一所頂尖大學感到自豪，家人也覺得驕傲。他們高中的成績優秀，就算沒有對自己抱太大期望，至少沒有在我面前表現出來。他們談到了大學的環境，談到了身為社會少數族群的一員，並提到他們需要一個不至於時時刻刻意識到自己是少數族裔的空間。他們擔心助教、同學，甚至是教職員會認為他們的學業能力不及其他學生。他們還敘述了社交生活圈是如何依種族、族群、社會階級來劃分。他們幾乎沒有跨越群體的親密友人。他們覺得黑人的風格、喜好和興趣在校園裡被邊緣化，有時甚至被汙名化。他們也留意到黑人或少數族裔的教職人員為數不多。他們可能只是在為自己找藉口，我無從得知是否如此，但總覺得他們看起來很誠懇、實事求是，並無指責之意。不過他們確實流露出憂慮，擔心密西根大學不適合自己。

這趟旅程還有一個驚人發現，就是學生成績的曲線圖。這是我第一次瞥見一個重要事實：密西根大學黑人學生的學業問題——他們確實有一些學業問題——原因並不完全在於學術技能與動力較弱。我看到的曲線圖是根據近幾年來，密西根大學研究生入學時的SAT成績分組畫出來的，圖中顯示了每一組學生的平均成績，因此可以看到入學時SAT成績介於一〇〇〇～一〇五〇、介於一〇五〇～一一〇〇，一直到介於一五五〇～一六〇〇最高級分之間的學生的大學成績。從圖表可以發現一種相對應的趨勢，也就是SAT成績越高的學生，大學成績越好。這不令人意外。SAT本來就是設計用來預測大學成績，只不過就曲線圖中這些學生來說，SAT成績越高則大學成績也越好的趨勢，並不是那麼明顯。

讓我感到驚訝的另有其事。為了呈現黑人學生的在學表現，圖表中另外為黑人研究生在同一時期的表現畫了一條獨立曲線。這條曲線顯示入學SAT成績較高的黑人學生，畢業成績也略高一些。這還是不令人意外，但有一點：黑人學生的曲線始終低於其他學生的曲線。無論入學時的SAT成績位於哪個級距，即使是最高一級，黑人學生的成績還是低於其他學生。如果假設ＳＡＴ能大致衡量出高中生對大學所做的準備程度，那麼這樣的結果有一個十分重大的意義：**依照ＳＡＴ的評量結果，學術技能相當的學生當中，黑人學生進大學後從這些技能獲得的回報率不如其他學生**。因為受到某種因素抑制，使他們無法從這些技能得到收穫。

安娜堡之行讓我心中生出一些疑問，也為我提供了一些線索。證據確鑿的是：密西根大學黑人學生的成績問題，不完全是因為缺乏學術技能，可能還涉及到他們經歷中的社會與心理面向。當時，我並不知道原因何在。還有一個比較不那麼確鑿的證據：學生本身會擔心密西根大學是否適合自己，或是將來可不可能適合自己。馬丁・路德・金恩曾經擔心，在兼收黑人與白人的融合學校裡，黑人學生可能遇到不「喜歡他們」的授課老師。密西根這些學生有同樣的憂慮。在回程的飛機上，我心裡納悶著，關於他們的成績與關於他們的歸屬感這兩項證據，是否互有關聯？

無形力量的幽靈：影響表現優劣的根源

一年後，密西根大學聘請我擔任心理學教授，這是一個好機會，既可以繼續我的研究，又無須管理更龐大的科層組織，我興奮極了。我知道如果接受這份教職，將會有許多令人好奇又重要的問題等待解答。

家人之間可能互相體諒，做這個決定時，我的家人確實做到了。一九八七年秋天，儘管必須迫使兩個十來歲的孩子搬離熟悉的家園，我們還是舉家遷往安娜堡，而且剛好趕上新的學年和密西根大學足球季。

幾乎就在同一時間，彷彿接收到暗示似的，那張顯示密西根大學黑人學生表現欠佳的圖表，再次出現在我的生命中。我被派任為全校少數族裔學生招生與留校委員會的委員，第一天開會所分發的資料中，再度出現了顯示黑人學生表現欠佳的圖表，這正是這個委員會存在的主要原因。

密西根大學另一位社會心理學家尼茲彼，正是提出「行為者—觀察者」差異理論的人。我和他開始談論起這個學業表現欠佳的現象。尼茲彼十分健談，但不是只言不及義地閒聊。他利用對話決定出科學探究的方向，利用對話將問題連結起來，以敘述的形式加以表達。當他著手處理一個問題，會試著觀察它對實際生活有何影響。他會找人訪談，透過電話做問卷，查探檔案紀錄。他會博覽群書，然後根據一定的理解推敲。最後進行正式的實驗，驗證自己的理解，也進一步將現象分解開來看它如何運作。受到他這個研究方法的啟發後，通常總是迫不及待要進實驗室的我，壓抑住了這個衝動。

我不斷找學生談話，並籌畫一個以學業表現不佳為題的研討會。我還記得學生在研討會中發掘出一個驚人的事實。他們在校園裡攔下幾名黑人與白人學生，請他們填寫一份四到五頁的問卷，藉此了解這些學生有多少不同種族的好友。問卷的第一頁要求學生列出六個最好的朋友，最後一頁則要求他們寫出好友的種族別。（之所以如此安排，是為了避免填寫問卷者在考慮將某個朋友列為好友時，受到朋友所屬種族的影響。）問卷調查結果顯示，無論白人或黑人學生的六個好友當中，平均都不到一個是和自己不同種族。例如，黑人的六個最好的朋友當中，平均只有三分之二個白人。正如同我一再從學生口中聽到的，他們的社交網絡是根據種族建構而成。

我繼續觀察成績紀錄，想看看在各個科目中，黑人學生成績低下的情形有多普遍。

不幸的是，從英文到數學到心理學，無一例外。不過有一點密西根大學可以稍感安慰，我瀏覽成績後很快發現，黑人學生表現較差的現象遍及全美，也遍及整個教育體系，無論是一般學院或是醫學院、法學院、商學院，其中又以基礎教育學校最常見。由於實在太普遍又容易預料，幾乎可以說是規律現象。主考者早已知道這種現象，並知道此現象不只發生在黑人群體，還有拉美裔、美國原住民，以及大學高等數學課、法學院、醫學院和商學院的女學生。

這當然是個不幸的事實。我馬上就可以找到許多現成的解釋，大多來自觀察者的觀點，譬如這些學生缺乏動力或文化知識或技能，因而無法應付較困難的課業，成績低下在所難免；或者他們由於更大範圍的文化，或甚至因為自己家庭和社群等因素，自我期許較低或較自卑，以至於有點自暴自棄。這些說法即使不完全中肯，卻也並非難以置信，必須把它們列入考量。但我存疑。這些理由真的能百分之百說明這麼多群體在這麼多求學階段和這麼多學科類型中成績低下的現象嗎？

我還有一個甩不掉的懷疑：表現欠佳的現象應該和表現欠佳的群體在學校的經歷有關，而且相關程度超出我和其他人的意料。應該有什麼原因導致他們無法貫徹自己的優點，即使最優秀的人也不例外。校園中似乎有股無形的力量造成他們的一部分問題。

邊緣化與歸屬感：「加倍努力」的困境

幾年後，我受邀到美國東北部一間規模雖小卻十分著名的文理學院，針對我的研究發表演說。校方也趁此機會向我徵詢關於幫助該校少數族裔學生進步的方法，在一九九〇年代初，所謂少數族裔學生指的大多是黑人學生。接下來幾年，這類諮詢成了我經常做的事。不變的是，每趟旅程都讓我獲益良多，都深具啟發性，讓我能在研究這些問題時，看到以前未曾發覺的部分。

這趟早期的旅行格外有意思。我很快地先後與黑人學生群體以及教職員和行政人員交談，他們所展現的不同觀點著實戲劇化。

教職員和行政人員擔心黑人學生的問題包括：成績較差、休學的可能性較高、在學時間越長對職業的抱負可能越低、傾向於避開與數字相關的領域、比較無法融入校園的社交生活、交友圈明顯局限於特定族群等等。他們列出的問題和密西根招生與留校委員會列出的問題幾乎一模一樣。

我們的談話地點在一間小會議室，牆壁鑲著淺楓木色飾板。其中有一整面牆是一片落地窗，初春的陽光斜斜灑入，還能看見戶外林間的枝頭殘雪。談話的氣氛友善，甚至溫馨，但也嚴肅而小心，有助於成人之間交談時的互信。在座都是工作繁重的人，在這個知名校園裡，他們要操心的不只有黑人學生的問題。無論如何他們都希望學校能順利運作，而且是對所有人而言。

他們主要還是以「觀察者」理論去理解這些問題。是否招入了對的學生？招生條件中是否應該加重學術技能的比例？家庭背景重要嗎？他們沒有聽過「表現欠佳現象」。該現象暗示這些學生的問題不完全在於學業，但他們不太相信。與教職員及行政人員談話時，會議室內讓我有種感覺，彷彿角落裡有一團火在燃燒。那團火就是只要一不留神就可能做出被認為帶有種族歧視的事情，又或是容許這種事情發生。那是一團熊熊烈火，他們不願靠近，因此希望我說一說，我有沒有什麼想法？

至於黑人學生則是苦惱不已。我和他們見面的地點在一個位於一樓、天花板低矮的狹長房間，這棟建物原本是校園宿舍，現已改為學生服務中心兼會議室。會談的出席狀況踴躍，可能有七十五名學生左右，以這個小學校而言，比例已經相當高。他們也想聽我說一說，但主要是他們自己想發言。他們想要敘述自己在大學的體驗，敘述他們感受到的壓力。他們說有絕大部分時間都沒有歸屬感。他們說很多時候都很不快樂，週末經常會回家。我有沒有什麼想法？

有時候黑人學生會說學校裡有種族歧視分子。他們把那團火搧得更加熾烈。他們會例舉與某位助教之間的摩擦、某位教授或同學說的話等等。但當天隨著時間過去，我站在他們的角度，以「行為者」的觀點，看到更多之後，覺得校園生活中的種族差異對他們的影響，似乎大於特定人士種族歧視的影響。

舉例來說，他們有被邊緣化的感覺。他們是校園裡的一小群少數。校園文化，諸如校內哪些人和哪些事物才算「酷」、校內的主流價值、社會規範、喜好、穿著流行、美的形象、音樂偏好、表達宗教信仰的方式等等，都由白人主導，白人是校園中最大多數，也是長久以來與學校形象最一致的群體。在這樣的背景下，黑人學生為自己的歸屬憂慮，不確定自己能否在校園生活中找到受尊重的地位。他們能在這個環境中受重視嗎？他們能在社交生活中受歡迎嗎？在這種被邊緣化的感覺中，人數扮演著重要角色。

白人的文化優勢正是來自於他們龐大的人數。

交友與社交生活也很明顯受到種族因素支配。黑人學生對這個現象當然有責任，儘管他們能隱約感覺到自己要付出的代價。舉例而言，百分之八十五的美國人是透過人脈關係找到工作。同族群的交友圈便可能將一些人隔離於重要的圈子之外，因而使他們失去重要的機會。黑人學生還留意到學校裡黑人教職員和行政人員為數不多。這難道是毫不相干的事？這難道不是暗示了他們歸屬於這個校園的可能性？

社會學家威廉·朱利亞斯·威爾森（William Julius Wilson）曾經將大規模非裔美國人貧民區出現在美國北方城市並持續存在的現象，解釋為諸多因素「集結」的結果，例如黑人長期由南方移居北方、公立學校設備不完善又缺乏經費、工作機會移往城外和國外、職場歧視，以及地理上和社會上的隔離。諸此種種結合起來，套用哲學家查爾斯·米爾斯（Charles Mills）的用語，便形成了聚居貧民區的「向下構成」因素，使得居民處於極度劣勢，無法有效地為自己爭取權利。

這所環境整潔、資源豐富的大學並非種族貧民區，校園裡黑人學生的「向下構成」因素，也不像工作地點的距離或種族歧視等因素那麼容易了解。但是聽完這些學生的話，「集結多重因素」似乎能更深入了解他們表現不佳的原因。他們的表現欠佳似乎不能單以老師和同學的種族歧視來解釋。黑人學生所描述的一些可能涉及種族歧視的事件，並不像他們表現欠佳的現象那麼規律而普遍。而黑人學生的表現欠佳，似乎不能單純歸因於他們本身缺乏學習動力或文化素養。這些學生都是他們群體中成績頂尖的人，大多數是通過最高學術標準審核後錄取的。不過該現象似乎牽涉到幾個因素的集結，也就是集結了一些種族化的校園生活面：種族邊緣化、社交與學業圈的種族隔離、群體在重要的校園角色上未受到充分代表，甚至在課程選擇上也有種族差異，這一切都一定程度地反映出較大範圍社會上的種族結構。

這似乎是個合理的直覺，但誠如我先前所說，這些並不是像失業或學校經費補助不均之類的「確鑿」因素，而是社會組織結構的面向。這些因素能有多嚴重？真的足以影響黑人學生的成績表現嗎？尤其這些黑人學生從小被教育的觀念，很可能就是在面對種族因素造成的困境時必須「加倍努力」，這樣的他們也會受影響嗎？

惡魔教室：《風暴之眼》歧視現象實驗

一九六八年四月四日，馬丁・路德・金恩遇刺身亡。翌日，愛荷華州一位名叫珍・艾略特（Jane Elliott）的小學三年級教師，試圖讓班上學生了解金恩博士的一生及其從事的工作有多重要。該名教師住在愛荷華州萊斯維爾（Riceville），那是一個農業小鎮，居民的同質性極高，許多學生從來沒見過非裔美國人。為了讓他們體驗受到差別對待的感覺，她將班上學生分為褐眼和藍眼兩組。第一天，受到差別對待的是褐眼學生。她讓他們圍上毛氈衣領以利辨識。她說藍眼學生比褐眼學生更聰明、更乾淨、更乖巧，並讓藍眼學生坐到前面座位，下課也讓他們優先使用遊戲場設施。她慫恿藍眼學生不要和褐眼學生互動，無論是在課堂上或遊戲場上。她讓藍眼學生先得知上課內容，並先取用課程教材。最後這整個練習過程又重複了一遍，並由ＡＢＣ新聞台拍成紀錄片，名為《風暴之眼》（*The Eye of the Storm*）。

即使是重複的練習，在第一天，褐眼學生臉上的表情依然沮喪。我們可以知道這種練習不會重複太多次，因為學生覺得丟臉，在遊戲場上他們一群人縮在一起，還把外套領子翻起來遮住臉，不讓紀錄片的攝影機拍攝。上課時，他們幾乎一語不發，整天說不到幾句話。然而，藍眼學生上課時卻輕鬆快樂，不會太害羞敏感。

第二天，艾略特老師翻轉了情勢，改將毛氈衣領圍在藍眼學生脖子上，並用前一天對待褐眼學生的態度對待他們。結果藍眼學生失去了前一天的活力，行為舉止就和前一天的褐眼學生一樣，縮著身子垂頭喪氣。反觀褐眼學生，則再次恢復學習熱忱。

這部紀錄片中夾藏著幾個畫面，展現了艾略特老師的實驗裡一個很有趣的智能暗示。在這些畫面中，她為分成小組的學生上算術課和拼字課，我們可以看到受烙印影響的學生表現有多差。他們幾乎無法專心，即使在這些小組裡面也畏縮不前，只有當別人主動跟他們說話，他們才會開口。他們記不清老師的指令，反應慢，還常常答錯。可是沒有受烙印影響的日子，同一批學生的反應卻是活力充沛、認知靈敏，就跟他們的外表看起來一樣。如此看來，周遭環境與他們在環境中的地位，似乎確實是影響他們能力的一環。

艾略特老師故意為學生設計了短暫的向下構成因素，以此表達她的看法。我造訪的學院並不是在表達什麼看法，也不是故意採取措施，以便對黑人學生產生向下構成的作用。事實上恰恰相反。校方自認為十分盡心盡力地幫助他們融入學校生活，隨著這番努力而來的問題讓他們不知所措。但這些年來，不斷思考關於群體表現欠佳這個問題，並和無數學生交談過後，我想到了兩件事。第一，這所學校和美國許多高等教育機構一樣，從較大範圍的社會和學校本身的歷史，承襲了一種社會結構，很可能為黑人學生帶來向下構成的壓力，而這種強大壓力很難以「偏見與種族歧視」或「學生能力不足」等傳統框架來理解。第二，這些向下構成的壓力可能強大到直接與間接影響**智能**表現，也就是說可能導致表現欠佳。

寒蟬氛圍：烙印的影響

當時，和我一起做研究的是一位密西根大學研究生，名叫史蒂芬．史賓塞（Steven Spencer，他如今是滑鐵盧大學的傑出教授）。史蒂芬是個充滿活力與熱忱的人，他在密西根一座農場長大，做事非常投入，喜歡談論心理學，反應迅速而果斷。我們一直在研究一個問題：當你面對的某些資訊可能威脅到你對個人適當性的感知，該如何維持這種感知？根據我們推論，努力維持這種感知是精神生活的一大動力，能讓我們重新檢視自己的信念和假設、重新整合理解力，有時甚至能刺激成長。我們用以了解這些問題的方式，先前已歸納成一個「自我肯定」理論。我在華盛頓大學研究的重點就是這個理論和另一個不相關但同樣有趣的理論：酒精的藥理與心理效應，如何助長酒精成癮？這些都是令人著迷的問題，研究起來很有趣。史蒂芬和我，還有羅伯・約瑟夫（Robert Josephs，當時另一名研究生，現在是德州大學的傑出教授），在這兩方面的研究都有極大斬獲。

但不知為何，來到這所新學校，開始讓我沉迷的卻是群體表現欠佳的問題。聽我一再叨叨絮絮之後，終於如我所願，史蒂芬也開始熱中於此。

儘管科學具有正式規範與限定的形象，科學探究過程卻有一些選擇點，這時候研究者必須在沒有太多的正式引導下，決定下一步該怎麼做，而直覺與專業推測就派上用場了。我們需要更仔細看看導致表現欠佳的原因，而根據我專業的預感判斷，原因在於烙印的影響，也就是某些群體在學校環境中可能體驗到的向下構成的壓力。當然，表現欠佳可能純粹起因於群體本身，但我支持烙印影響的想法。我承認，我喜歡這個想法勝過將表現欠佳歸咎於群體間某種生物學上的差異，在我看來，後者是一種令人沮喪也可能缺乏人性的想法。但還要考慮到一個事實，學業表現不佳的情形發生在幾個不同群體：黑人、拉美裔、美國原住民、數學課的女學生。可不可能有某種生理因素導致這些群體全都表現不佳呢？也許有，但我能想像這些群體都有同樣被烙印影響的經驗，形式自然不同，不過恰巧就在他們表現不佳的領域裡，都有整個群體受烙印影響的現象。這是合理的推斷，但只是推斷。我知道該是驗證這個想法的時候了。

為了進行驗證，史蒂芬和我需要一個像艾略特老師的教室那樣的情境。我們必須比較一個群體的成員在受烙印影響和未受烙印影響兩種情形下的智能表現，就像比較藍眼學生在圍上衣領坐到教室後方與沒有圍衣領坐在教室前方這兩天的表現一樣。假如群體成員受到烙印影響後表現欠佳，未受烙印影響時無此現象，就能證明單憑烙印的影響，也就是一種被貶抑的社會地位，便足以損害智能表現。

我們很快想到也許在我們自家後院，即大學課堂上，就能進行這類自然實驗，具體來說，就是對比數學取向與人文科學取向兩種課堂上的女學生的不同經驗。有大量的研究顯示，在數學課上，尤其是大學程度和較高階的課程，女學生表示會感覺到社會學家南西・休伊特（Nancy Hewitt）和伊蓮・希摩（Elaine Seymour）所謂的「寒蟬氛圍」（chilly climate）。也就是說，她們覺得自己的能力受到懷疑，覺得自己的認真努力因為女性特質而打了折扣，覺得必須不斷地證明自己的能力，覺得自己為工作的奉獻不受信任等等。但在英文課及更廣泛的人文學科課堂上，女學生表示感受到這種壓力的情況較少，即使在進階課程也不例外。

史蒂芬和我著重的問題並非「為何有這些差異存在」。本書中雖有許多地方一再回到這個問題，不過當時我和他只專注於一個更簡單的設想：這樣的情境能做出什麼樣的自然實驗？

我們可以比較兩組女生表現欠佳的情況，一組是在進階數學課上，因為「寒蟬氛圍」而較明顯感受到烙印影響的女學生，另一組則是在進階英文課上，能力受烙印影響的感覺少得多的女學生。實驗就這麼簡單。如果烙印影響有損智能表現，如同史蒂芬和我的猜測，那麼進階數學課的女生表現欠佳的情形應該會比進階英文課的女生嚴重，也就是說進階數學課中男女生的成績差異，應該會比進階英文課中的差異來得大。

我們所能蒐集到的資料不盡完善。（在此得特別強調很重要的一點，蒐集資料時，所有學生的姓名都以學號代替，以保護他們的身分不曝光。）進階數學課的女學生少之又少，還有些學生被迫退出，因為無法取得她們的SAT成績，因此無法以SAT成績為她們分組。

儘管如此，還是出現了一個反映艾略特老師課堂情景的模式。女學生在進階數學課上有表現欠佳的傾向，而且證據顯示她們在課堂上感受到被圍上性別烙印的衣領，但是在進階英文課上則沒有表現欠佳的情形，而且證據顯示她們比較沒有感受到那個衣領的存在。

看到表現欠佳的情形，尤其是發生在真實課堂上如此有天分和學習動力的人身上，實在令人氣餒。不過這一次，這種情形何時發生、何時不會發生的模式，至少讓我們對它的成因略有所知，也促使我們去思考烙印與智能表現的關係。

然而，資料的品質令人擔憂，我們知道這些實驗結果可以用其他原因來解釋。或許英文課的男生不像數學課的男生對課程那麼感興趣，所以成績才不如女生。或許英文課的課業就是比數學課來得簡單，才使得所有學生的分數都比較高。在真實的大學課堂上，可能造成影響的因素太多了。

我們需要更精密的測試來檢驗烙印是否有損智能表現。我們也知道，如果確實有此影響，而我們又能確實把它製造出來，或者可以說如果能在實驗室裡把這個影響「裝入試瓶」的話，就能利用這個實驗步驟來回答其他重要問題：有哪些因素會使這個影響惡化？烙印究竟是如何損害學生的智能運作？是否有某幾種人更容易受到烙印影響？是否所有被加上烙印的群體都有這種情形，或只是某些群體？除了智能表現，其他表現也會受影響嗎？會不會發生在利害關係小的表現上，或是只有利害關係大的表現？

我們採用的方法就是在實驗室複製之前的數學和英文研究。我們建立了一個非常簡單的情境。首先，徵求密西根大學一群男女學生，多半是大一、大二的數學高材生——除了SAT計量部分的成績在同年級學生中排名前百分之十五，兩門微積分課至少有一門拿過B，而且認為數學對個人和職業目標具有重大意義。於是我們有了一群數學能力差不多一樣強，同樣熱愛數學的男女學生。接著我們讓他們一個一個進實驗室，獨自做一項非常困難的學識測驗。

這是實驗最核心的部分。但是我們當然希望有一半的受試者能在受烙印或可能受烙印的情況下接受測驗，而另一半則在未受烙印的情況下接受測驗。

於是我們再次模擬之前的實地研究，將測驗科目分為數學和英文。一半參與者進行數學測驗，考的是研究生資格考試GRE限時三十分鐘的數學題目；另一半進行英文測驗，考的是GRE限時三十分鐘的英國文學題目，這項測驗需要有十分雄厚的學識基礎。（這些題目並非出自GRE普通考試的計量或詞彙部分，而是出自較困難的專項考試的數學和英文題目。）

我們的推論如下：基於女性數學能力的負面刻板印象，只須進行高難度數學測驗就能將女性置於受烙印影響的風險中，可能只**因為她是女性**就會被認為數學能力有限。若在類似的測驗中受挫，自然而然會加深這種憂慮。

相反地，一般並沒有「**整體**男性數學能力不佳」的刻板印象。或許有些個人數學不好，從測驗的挫敗就能反映出來。但這並不表示因為他們是男性，所以缺乏數學能力。

同理可證，參加英國文學測驗的男女學生應該都沒有感受到群體烙印的威脅。在這個領域，無論男生或女生的能力都沒有被加上明顯烙印，雖然我們確實懷疑，男生是否會在文學測驗中感受到些許群體烙印的影響。

我們就這樣將現實的實地研究複製到了實驗室中。如果圍上衣領，亦即可能受群體烙印影響，便足以左右智能表現，那麼女性在受到烙印影響下，數學測驗的表現應該會不如男性；至於英國文學測驗，由於雙方都未受烙印影響，不會有此現象。果不其然，結果正是如此。

我們感到十分振奮。倒不是因為證明了什麼——還是可能有其他解釋，而且其中至少有一個可能性特別大，我稍後會再做說明。而是因為我們透過實驗步驟重現了現實世界的情形，而且這些步驟相當安全，不需要讓參與者經歷他們不熟悉的任何事物，只是考試而已。再者，測試完畢後向他們解釋實驗目的——向他們「做簡報」——也許能幫助他們在現實生活中，更正面地面對這些壓力。我們有了一個安全版的艾略特教室，在這裡可以就近檢視烙印可能對智能表現產生什麼影響，也可以得知這種影響如何發生，甚至可能得知如何降低影響程度。

「第二項假設」：女性數學能力實證測試

我們認為在這個實驗中，女性之所以表現不佳是因為不想印證外界對自己的烙印觀點而心生壓力。但我們慎重地注意到還有另一個可能性，雖然令人不安，卻又不得不納入考量：也許女性成績較差反映出她們較不具數學天賦的事實，而且一碰到艱深數學，這個事實就會顯現出來。

一九八〇年代初，兩位心理學家卡蜜拉・本鮑（Camilla Benbow）和朱利安・史丹利（Julian Stanley），針對兩性在數學表現上的差異做了幾次大規模研究，並將結果發表於聲譽卓著的《科學》期刊（*Science*）。有趣的是，他們的研究設計與我們的十分相似。他們也選擇了數學能力極強的學生，只不過他們的對象是八年級男女生。這些受試者在此之前上的數學課程基本上大同小異，而且在學校的標準化數學測驗中，成績都排在全八年級前百分之三。實驗者讓這些學生做一項對八年級生而言非常困難的數學測驗，就是ＳＡＴ的數學試題。他們得到的結果和我們得到的很相似，相較之下，女生的成績不如男生。由於這項研究中的男女學生都經過精挑細選，不僅數學技能相當，在此之前接受的數學教育也相當，因此本鮑和史丹利被迫做出一個艱難的結論：也許在他們的研究中，女生成績較差反映出女性較不具數學天賦的事實，而且一碰到艱深數學，這個事實就會顯現出來。

我們的社會動不動就喜歡拿遺傳基因做解釋，從酗酒、過動到幸福感，無一例外。因此，面對兩性在數學成績表現上的差異，正如同我稍早提及的不同種族在運動能力表現上的差異，我們似乎注定會從遺傳基因的觀點去探討。舉例來說，二〇〇五年一月在麻省理工學院舉行了一場學術研討會，討論關於女性在科學界的地位，時任哈佛大學校長的勞倫斯・桑默斯（Lawrence Summers）發表第一場演說。他說道：

> 從本次研討會的論文文獻與之前的文獻紀錄，可以看出從事尖端科學職業的女性人數與男性相比極度懸殊，究其根源，有三大假設。第一，可稱之為「十足工作幹勁」的假設。第二，可稱之為「**在尖端領域的天資差異**」的假設。第三，可稱之為「社會化過程與徵才時的偏見模式不同」的假設。而且依我之見，這三項假設的重要性也正是依此順序排列。

他的演說尚未結束，麻省理工學院傑出的生物學家南西・霍普金斯（Nancy Hopkins）便起身離開了。不久，研討會陷入紛亂，主要是在爭論桑默斯「第二項假設」的含意。短短幾個小時，媒體已經開始報導這場紛擾，並採訪與會者見證桑默斯的說法。幾天之內，自由投稿版面、電視和廣播電台的談話節目以及媒體名嘴，全都在關注他的演說內容以及支持與反對兩方面的論點。很快地，有些人開始呼籲桑默斯辭職。研討會後幾個星期、幾個月過去了，哈佛大學的抗議聲浪卻越演越烈。同年三月十五日，哈佛文理學院的人員以兩百一十八票對一百八十五票的結果，表達他們對桑默斯擔任哈佛校長的不信任。他在負責管理校務的哈佛董事會支持下，安然度過這次投票風波。但是一年後，為了防止教職員又一次的不信任投票，桑默斯辭職了。此時，他擔任校長期間的其他問題浮出檯面，他領導風格的爭議隨之擴大。但無可否認，桑默斯卸職的起因就在於他認為只是隨口一提的「第二項假設」：兩性在數理領域成就上的差異，主要源自於天生數學能力的差異。

史蒂芬和我對於以遺傳基因解釋兩性在數學上的差異不太感興趣，倒是認為烙印與這些差異之間的關聯超乎一般人想像。不過早在桑默斯事件發生前，我們就知道基因論點占有極大的文化分量，同時它為我們的實驗結果提供另一種可能的解釋。我們必須面對處理。

這可以說是我們研究計畫初期的關鍵時刻。我們有一個簡單的發現，那就是仔細挑選了同樣具有高超數學技能的男女學生，進行一次高難度的數學測驗後，女生的成績不如男生，換言之，就是典型的表現欠佳現象。而這個現象卻有兩個可能合理但南轅北轍的解釋。我們的解釋是，女性會擔心在高難度數學測驗中受挫，可能印證或是被認為印證社會大眾認為女性數學能力弱的觀點，而這樣的憂慮又會影響到她們的表現。這就是我們認為烙印「衣領」影響數學表現的情形。

另一個解釋是，女性表現較差純粹是女性本身的問題，是她們心理上的弱點，也或者是類似桑默斯的「第二項假設」。

我們需要一個實驗來告訴我們，哪個解釋更符合我們發現的結果。在一項實證測試中讓兩個觀點互相對抗，這是科學研究中有趣又緊張的一部分。如果能設計出好的實證測試，就有希望得到清楚的答案。而在此案例中，清楚的答案將會有一些隱含意義。它會讓我們知道，先前所做的實驗是否找出了一個確實未被發現、能夠影響女性數學表現的因素，亦即在美國一種與烙印相關的性別身分隨因狀況，或者那些實驗只是證實了長期以來對於女性數學能力有限的猜測，而且這種現象一碰到艱深數學就會顯現出來。因此這次的實驗的確利害攸關。

但是實驗該怎麼做呢？

為了設計這個實驗，我們對於我們的解釋又有另一層發現。關於積極進取的女性參與高難度數學測驗，我們認為不願印證刻板印象的壓力，是她們在做這類測驗時的一部分**正常**體驗。她們只要受挫就會感受到這股壓力，而在艱難的數學測驗中受挫，在所難免。她們一旦受挫，就會想起文化的刻板印象，並將這個刻板印象與自身聯想在一起。這意味著要施加這股壓力，並不需要多做些什麼，只須讓在數學方面積極進取的女性參加艱難的數學測驗，她們自然而然會感受到——不只在實驗室，實際生活中或許也是。

因此，要想設計一個好的實驗，難度並不在於從實際生活中找出些什麼，來增加女性參與數學測試時的壓力。而是在於得從實際生活中找出些什麼，來降低女性參與類似測試時通常會感受到的壓力，也就是要想辦法移除高難度數學測試中的烙印「衣領」。

如果降低這個壓力能改善女性的測試成績，便能知道在先前的實驗中，損害她們表現的正是這股壓力。

但該如何降低這個壓力呢？

我們首先想到可以試著說服她們，關於女性與數學的負面刻板印象是錯誤的。假如她們不相信刻板印象，也許就不會擔心印證或不印證的問題。但我們隨即發覺，即使能說服她們這一點，恐怕仍難以說服她們說其他人並不相信這個普遍的刻板印象。如果無法說服她們相信這一點，她們還是可能擔心自己的測驗表現會讓其他人，也許是實驗者，以刻板印象看待她們。

我們翹起腿來焦慮思索，後來想到一個簡單的主意。在說明這項測驗時，可以設法讓受試者覺得社會文化對女性數學能力的刻板印象與她們的表現無關。我們可以這麼說：「妳們或許聽說過在高難度標準化數學測驗中，女性的表現不如男性，但是在**特定的**標準化數學測驗中並非如此，在這種**特定的**測驗中，女性的表現總是比男性好。」（這差不多就是我們實際進行實驗時說的原句。）

這是個簡單的指令。但以這種方式說明測驗，改變了女性所遇到的任何挫折感的意義。它讓這種挫折感不再與女性身分有任何關係，因為這項「特定測驗」無法評量任何關於女性的特質，或者進一步說，它無法評量任何關於性別的特質。她們現在就和一起參加測驗的男性坐在同一條船上。考試中的挫敗可能印證她們個人的數學能力不佳，卻無法印證她們是因為身為女性，所以數學不好。

指令一改，平常做高難度數學測驗時總是困擾她們的性別身分隨因狀況隨之消失。

於是我們想到一個計畫。我們還是照以前那樣進行實驗，在密西根大學徵求男女性數學高材生，然後讓每個人單獨在教室裡做一項艱難的數學測驗。其中有一組女學生，我們不希望她們感受到烙印風險，告訴她們這項測驗不會顯示出性別差異。

如此一來，想在一次實證測試中讓兩個重要觀點相對抗所需的元素便齊備了。在這次實驗中，如果女性在烙印壓力降低後的表現，和技能相當的男性一樣好，就能知道在先前的研究中是烙印壓力使她們表現變差，也能知道這個壓力可能對女性的數學測試表現產生重大影響。但假如壓力降低後女性的測驗表現毫無變化，假如女性的表現仍然比技能相當的男性差，就能知道我們之前實驗的結果不是這個壓力造成，而是另有其他因素。或許與女性社會化的過程有關，也或許……與桑默斯的「第二項假設」有關。

研究進行至此，史蒂芬和我並沒有特別想要得到更大的啟示。但我們知道這次的實驗有極大的利害關係，因此內心既興奮又緊張。

實驗的結果十分戲劇化，並給了我們一個清楚的答案。當我們告知參與者該測驗會顯示出性別差異，也就是女性仍可感受到自己有印證烙印的風險，她們的表現便不如技能相當的男性，就跟先前的實驗結果一樣。但是當我們告知參與者該測驗**不會**顯示出性別差異，女性不再擔心任何關於女性身分的印證問題，**女性的表現便和技能相當的男性同樣傑出。表現欠佳的現象消失了**。[注1]

如果說這個實驗結果改變了我們的研究生涯，一點都不誇張。它給了我們第一個實證信號，顯示我們一直以來推論的烙印壓力確實有足夠力量影響女性解答數學的一般經驗，倘若這些數學問題挑戰了她們的技能極限，免不了產生挫折感，那麼這種壓力影響就更大。實驗結果同時告訴我們，女性在數學測驗中表現不佳的情況，可能比我們想像的更容易解決。解除印證刻板印象的威脅，讓處理高難度數學問題的女性不再時時刻刻牽掛，就能大大改善她們的表現，就像艾略特老師的學生在移除衣領後表現隨之進步。

我們對這次實驗結果的解釋絕對稱不上完善，本書稍後還有許多要探討的地方。此外，我們得小心，不能將這些發現通則化。譬如，這個結果並不代表解除烙印威脅就能消弭兩性在數學表現上的所有差異。我們實驗中抽樣選擇的男女受試者，在數學方面具有相似的技能和動力，但一般所觀察的兩性數學表現差異的男女生取樣，卻可能因為接受不同的數學教育、對數學的興趣不同、在生活中受到烙印威脅的程度不同等等因素，而有不同的技能和動力。在某個情況下移除烙印威脅，或許能降低那個情況中的差異，卻不一定能完全消弭差異。

然而，史蒂芬和我仍從這次的結果清楚得知，有一個重要現象有待我們釐清。關於女性在數學相關領域中的發展，這個現象恐怕扮演著特別不祥的角色。研究顯示，女性越深入數學領域就越難堅持下去，原因眾多，諸如女性經過社會化之後的性別角色，或是數學領域中對女性的偏見，又或是對女性的能力期望不高。而史蒂芬和我覺得我們又找到另一個可能性，那就是她們擔心自己印證或是被認為印證社會對女性數學能力較負面的看法，這種威脅感總會一再地在最不該出現的時候出現，譬如當她們即將在數學領域中更上一層樓的時候，也就是她們要突破自己下一道能力關卡的時候。

正是這個發現改變了我們的研究生涯，為我們下達出發令。但不得不承認的是我們的想法並不尋常。這個想法是藉由零散但一致的訊息得來的，包括我對學生的訪談、顯示表現欠佳現象的資料，以及我們針對女性在數學領域所做的實驗結果。但無論如何，這畢竟是個不尋常的想法，我們假設群體的刻板印象（例如關於女性數學能力的刻板印象）具有強大影響力，足以干擾女性數學高材生在標準化測驗中的數學表現，甚至可能讓她們無法繼續走數學這條路。

這個想法還有一點很不尋常，那就是我們認為在毫無惡意的情況下，譬如即使並未受到抱持偏見的人的影響，這種情況仍可能發生。我們的受試者是獨自在教室裡進行測驗，她們沒有道理認為主持實驗者是對女性有偏見的人。但是她們當然知道這個社會的文化，知道這個文化裡的人傾向於認為男性的數學能力比女性強，也知道自己的表現可能會印證這個觀點。對於這些傾注時間精力於數學的女性而言，這些念頭的交集令人煩躁而無法專心，以至於影響了她們的表現。

除了不尋常之外，我們的想法也沒有受到廣泛運用。有些研究文獻解釋了為何女性鮮少在數理領域中出類拔萃，但我們的想法並未被列為原因之一。我們在研討會上發表了由這個想法延伸出來的論點。我們的實驗發現只要將可能印證女性數學能力負面觀點的風險移除，就能大大改善女性的數學測驗表現，與會者對這項結果很感興趣，卻很難將我們的解釋當成一個明確獨特的觀點記住，而是會把它濃縮成其他論點。他們會說：

「你的意思是不是說女性對自己的數學表現**期望**較低，當她們遇到高難度數學問題時，就會**自證**這些低度期望？」這一點我們思考過，但無法解釋我們的結果。我們實驗中挑選的女性都有強烈期望，她們的數學能力向來很強，而且得知該測驗無法偵測性別差異後，她們表現得很好。如果艱深數學會降低期望，導致女性在自證之後表現不佳，那麼這些女性應該會表現不佳，但她們並沒有。

我們認為我們的論點很明確，但必須承認，與其說是了解論點的實質內涵，倒不如說是了解不屬於它的部分。關於這個論點還有許多問題：這個壓力如何影響表現？是透過記憶障礙？透過額外的認知負荷？或是透過生理障礙？是否只有在乎成績表現的人會受影響？是否只影響到與數學領域有關的女性，或是也會影響其他群體與其他類型的表現？能不能透過努力來克服這個壓力，或是努力只會使情形惡化？學校和老師是否能採取某些做法來減除這些壓力？個人能不能做些什麼來減除壓力？

這些重要問題後來全都做了研究，其中多數得到解答。可是當時由於合作夥伴改變，我的好奇心又轉回到少數族裔學生的成就問題。影響數學課女學生的作用，可不可能是少數族裔學生表現欠佳的一項因素呢？

注釋

1 這次實驗中與真實情況最接近的，就是經我們引導而相信該數學測驗會顯示性別差異的女性受試者的經驗。在這次的實驗中，我們向這一組受試者明白指出這一點，但後來的研究卻證明是多此一舉。其實不需要提醒女性數學高材生說測驗會顯示性別差異，她們自然就會這麼想，也因此在類似測驗中的表現會比較差。

第三章　刻板印象威脅顯露，不只一個群體

成也在此，敗也在此：從魯蛇到王者的逆轉

一九七八年，我還住在西雅圖時，西雅圖超音速隊只差一場比賽就能贏得ＮＢＡ總冠軍。隔年，他們拿到了。爬升到榮耀顛峰前，他們歷經了很長時間的低潮。事實上，他們在一九七八年球季一開始表現也不好，球季最初幾星期的戰績是五勝十七敗。後來球隊解聘了教練，另聘一位新人，就是年輕的藍尼．威肯斯（Lenny Wilkens），幾年前他曾在隊上擔任球員兼教練。球員都沒變，只是換上威肯斯，球隊忽然就開始贏球了，該球季在威肯斯帶領下，獲得四十二勝，僅僅十八敗。例行賽結束時超音速隊的戰績是

四十七勝三十五敗，之後在總冠軍系列賽中，一直戰到第七場，結果在最後幾秒鐘失了區區六分而錯失冠軍頭銜。只是一名人員的改變，也就是威肯斯的加入，便凝聚了球隊這盤散沙。

有趣的是記者在球隊轉變前後所做的報導。在轉變前，當地體育記者用種種不堪的字眼來描述球員特質。控球後衛的傳球還可以，卻沒辦法運球突破到籃下。大前鋒投籃的距離太遠，可以輕鬆搶到的籃板球也搶不到。中鋒不夠靈活，中距離跳投的準度不夠。這些體育記者都是觀察者，因此用他們視線所及的情形，亦即球員和其特質，來解釋賽事。他們要解釋的是輸球的狀況，想當然就會強調球員的缺點。

換了教練之後，超音速隊隨之改頭換面。如今體育記者要解釋的是贏球而不是輸球，於是球員的特質也改變了。一個月前還受他們嘲弄的球員如今有了新的評價，原來的弱點如今變成優點。控球後衛運球突破的技巧不好，反倒證明了他是能夠掌控全場的出色主將；大前鋒搶不到籃板，那是他漂亮的外線投籃所要付出的一點小小代價；至於不夠靈活的中鋒則成了籃下的穩固磐石。當球隊打進總決賽，無論打哪個位置的球員在記者眼中都是運動天才。

解釋少數族裔和女學生表現欠佳的原因時所受的約制，和解釋一九七八年初超音速隊表現欠佳的原因一樣。這些解釋幾乎一成不變，都是採觀察者觀點，而且試圖說明的現象是失敗的表現，而非成功。在這些約制下，學生的缺點正好可以用來說明這些困境的成因，就如同球員的缺點可以用來說明一九七八年初超音速隊所面臨的困境的成因。以這種方式來解釋處於不利地位的少數族裔和女性成就不高的心理，已經是由來已久的傳統，而這個傳統有如幽靈般盤踞在我們的研究之上。

內化現象：形象與性格的惡性循環

思想史學家戴若・史考特（Daryl Scott）在其著作《鄙視與憐憫》（*Contempt and Pity*）中，以非裔美國人的經驗為主，描述了這種社會科學傳統。社會科學觀察者也和那些體育記者一樣，一直都是試圖解釋二十世紀期間黑人所經歷的負面結果，無論經濟、社會、教育或醫療方面。依據史考特的說法，他們和那些體育記者一樣，傾向於著重各種缺點，其中有一點尤為突出——他稱之為「精神傷害」（psychic damage）。

這後來成了為人熟知的觀點。二十世紀中葉重要的社會心理學家高爾頓・奧爾波特（Gordon Allport），對此觀點的說明簡潔扼要：「一個人的名聲，不管是真是假，只要一而再、再而三灌輸到此人腦中，就一定會對他的性格起作用。」（頁一四二）根據這個觀點，黑人群體投射在社會上的不良形象，諸如有暴力傾向、比較不聰明等形象，傷害了黑人個體的心理。一再地接觸會導致這些形象「內化」，使得黑人默默承認他們的群體確實有這些特質，也可能更悲慘地承認自己有這些特質。這種內化現象會造成自卑、期望低下、缺乏動力、自我懷疑等等，傷害了「性格」。而這種傷害又會導致許許多多不良後果，例如高失業率、婚姻失敗、教育成果不彰和犯罪行為。

誠如史考特所言，這個觀點不只是一個科學觀點，也是一般對於負面形象群體的成員之所以失敗的原因所持的普遍想法，是一種實際存在的刻板印象。因此，根據這個觀點，如果有什麼原因導致黑人和女性大學生的表現不如預期，一定就是缺乏信心與期望、自我破壞的心理缺陷所致。這個解釋是自然而然從觀察者的觀點發展而來，背後還有傳統的力量支持。當我思考著下一步該怎麼做，它讓我感受到極大壓力。

缺點論迷思：烙印壓力影響了誰？

西雅圖的體育記者終於在一九七八年打破一貫的模式，看見了超音速隊真實的一面，但並不是因為他們觀察力敏銳。超音速隊以同樣的陣容開始贏球，事情就很明顯了：球員的缺點不可能是導致輸球的唯一原因。當然，記者不是全錯，球員有缺點，這肯定是輸球的原因之一，但既然能贏球就表示這些缺點並非單一原因，另外還有其他因素，而且被威肯斯找出來了。

就像超音速隊開始贏球時，西雅圖體育記者的觀點起了變化，我自己對於少數族裔和女性大學生成績的觀察者觀點，也不斷隨事實改變。這些學生倒不是沒有缺點或不足之處。在這個社會，無論是受教機會或教育品質都不平等，社會經濟的不利條件、社會差別待遇的惡習和限定的文化取向，都讓某些群體的教育機會低於其他群體，從以前到現在一直都是如此。這些差異很可能導致群體的技能不足，而且足以影響群體的大學成績表現，並足以引起觀察者的注意。儘管如此，在我研究道路上所遭遇的事實，卻一再否定這些缺點是單一因素。

而這些事實當中最首要的，可能就是參與我們的研究的學生類別。他們並不是教育背景不佳、能力不足又缺乏動力的學生。無論從什麼樣的正常標準來看，他們都沒有重大的心理或技能缺陷。他們是全國頂尖的大學生，申請到了招生條件最為嚴格的大學之一。而且我在密西根大學課堂上看到，不管是能力較強或較弱的學生都會有表現欠佳的情形，正如較大範圍的研究文獻顯示，大多數大專院校顯然都有這種情形。這諸多事實在在證明，我所看到的現象與我們研究的結果都不應該單純以缺點論來解釋。

不過暫且還無須太關心這一點，我知道得先回答一個更基本的問題。我必須知道，史蒂芬和我在女性與數學的實驗中觀察到的烙印壓力影響是否能概推及其他群體。在較大範圍社會中，這種壓力是否會影響其他智能不被看好的群體的表現？譬如，它會不會影響到非裔美國人在高難度標準化測驗中的表現？——這個研究正是由這個群體的學業困擾問題開啟的。

拒絕標籤：通則化驗證

大約同一時間，一九九一年，我再度從安娜堡的密西根大學搬到史丹佛大學，回到我們一家人深愛的西岸。與我一同前來的是另一位優秀的合作夥伴，名叫約書亞・亞朗森（Joshua Aronson），他剛剛取得普林斯頓大學博士學位（如今是紐約大學的傑出教授）。約書亞申請的博士後研究主題是關於自我肯定理論，也就是我先前提過我和學生在幾年前研究闡述的理論。當時他剛剛寫完一篇充滿真知灼見的相關論文，對於社會心理學和實驗方法展現敏銳直覺。但是和之前的史蒂芬一樣，約書亞找到的教授滿腦子都是表現欠佳、數學領域的女性、烙印可能對智能表現和毅力的影響等等問題。這些都是擺在桌上的拼圖碎片，約書亞受到吸引，生出許多想法，加入與我一起挪動碎片，試圖找出解決之道。我感到很幸運。分工合作會更容易把圖拼出來。

我們先思考擺在眼前的事實：表現欠佳的現象、我對女性和黑人學生進行的訪談，以及史蒂芬和我在密西根大學做的實驗結果。我們將問題列出，其中最重要的是通則化的問題：史蒂芬和我從女性與數學領域觀察到的烙印壓力影響，能否概推到其他智能不被看好的群體？譬如非裔美國人，當初就是因為他們的學業困境才讓我們著手這項研究。如果可以通則化，我們就有理由相信烙印壓力對智力機能的影響是普遍現象，也就是說在較大範圍社會中，只要整個群體或部分群體的智能不被看好，群體的成員就可能感受到這種壓力。如果不能通則化，就得重新思考女性對這種壓力格外敏感的可能性。

第二個問題是，如果烙印壓力影響到黑人學生，是否也會影響黑人高材生？就像在史蒂芬和我的實驗中，女性數學高材生受到影響一樣。這種懷疑是有道理的。事實上，我為這項研究提出補助申請時，評審委員完全不相信這種可能性。他們無法相信我們敘述的這種烙印壓力，能夠嚴重擾亂國內一流大學認真進取的黑人優等生的智能表現。根據他們推斷，這些學生太優秀、太積極進取，不可能因為這種壓力就大大失常。他們的質疑可以理解，但這個結論畢竟是靠事實而非直覺得來的，因此我們知道現在必須解決兩個難題：首先，要測試史蒂芬和我在數學課女學生身上看到的影響，是否會發生在黑人學生身上；其次要測試的是，如果黑人學生受影響，黑人高材生是否同樣受影響。要測試這些問題，我們占盡地利之便，因為史丹佛正是全國招生條件最嚴格的大學之一。

我們立即做了實驗。我們找來校內的黑人與白人學生，以大二學生居多，每次讓一個人單獨進入實驗室接受一項非常困難的語文推理測驗，題目取自進階GRE測驗的詞彙部分。對這個階段的學生而言，這項測驗非常困難，與這次實驗類似的考生樣本的答對率只有百分之三十。因此他們會產生挫折感。這就和接受高難度數學測驗的女學生一樣，我們認為這種挫折感會讓黑人受試者焦慮，擔心自己可能印證黑人智能較差的刻板印象。我們進行測驗的方式與實際生活中一樣，沒有特別不尋常之處，我們認為測試所引發的挫折感足以讓黑人學生感受到威脅。

白人學生也不喜歡挫折感。但他們並不擔心這樣就會印證任何關於自己群體的印象，因為在這個社會，白人沒有被普遍認為智力較低的負面刻板印象。

結果果然不出所料，在這項艱難測試中，白人學生的表現比黑人學生好得多。在這個限時三十分鐘、共有三十個題目的GRE測驗中，白人平均多答對四題，假如整個GRE測驗都是這樣的結果，差距不容小覷。[注1]一如史蒂芬和我在實驗室裡發現到女性的數學表現欠佳，這回我和約書亞在實驗室發現到黑人學生的語文推理表現欠佳。

當然，這個結果可能有其他解釋。雖然已經讓黑人與白人受試者在與測驗相關的知識和技能上具有同樣水準，但也許黑人受試者突破這種挫折感的動力就是不如白人，也許他們不像白人那麼認真看待這項測驗，也許測驗題目有不利於他們的文化偏誤。單憑這個結果，我們無法得知哪種解釋最好。

要找出這個答案，需要做另一部分研究，將黑人在考試時可能感受到的烙印壓力予以消除。和女性與數學的實驗一樣，難題不在於如何施加這份壓力（我們認為在一般測驗狀況下，只要試題引發挫折感，這種壓力就會油然而生），而在於如何消除黑人在困難的智能測驗中的壓力。

我們想到了一個解決之道，但不同於史蒂芬和我在女性與數學的實驗中使用的方法。我們用的還是黑人在一般測驗狀況下表現不佳的同一組試題，只不過我們告訴另一群參與者，這項測驗的「任務」是為了研究一般解決問題的技巧，並強調這無法評估個人的智能。下了這個指令後，黑人智力的刻板印象便與如何詮釋他們在這項特殊「任務」的表現無關，因為這項測驗無法評估智能。這些黑人參與者在困難的語文推理測驗中可能感受到的烙印威脅，藉由這個指令解脫了。

他們也有了對等的回應。他們與具有相同技能和知識的白人受試者一樣，都得到高分成績，而且分數比自以為在考語文能力測驗的黑人學生明顯高出許多。可能印證自己群體智力的負面刻板印象的這個危險解除，原本可能在測驗中表現欠佳的現象消失了，完全消失無蹤。

得到這個結果之後，我們似乎可以相當確信三件重要的事。第一，烙印壓力對智能表現的影響是全面的。不只發生在女性身上，而是至少發生在兩個群體身上，女性與黑人。在這個社會和這個時代，在嚴苛的測驗狀況下，這種壓力無異於這些群體的身分隨因狀況，就像我年少時期芝加哥的泳池限制規定是我的種族身分隨因狀況一樣。不過這次這種隨因狀況代價很大，因為它所損害的測試成績可能關係到一個人的機運。

第二，儘管補助款評審委員和我們都心存懷疑，這個隨因狀況的確足以影響這些群體中最優秀、最沒有學業和動力問題的學生的表現。一如西雅圖的體育記者面對開始贏球的超音速隊，我們也被迫面對既定事實，不能只以這些群體的缺點來解釋他們表現不佳的現象。越來越能看出這其中牽涉到烙印壓力。

第三，我們找到可靠的方式，得以在實驗室裡複製黑人學生在現實生活中表現不佳的情形，因此確信我們能細細檢視這個情形，將它拆解開來看看它的來龍去脈。直接進行推論時，我們遇到一個迫在眉睫的問題：感受到烙印壓力的人真的是擔心自己會印證負面的群體刻板印象嗎？

我們透過簡單的方式來探究這個問題。這回再次請史丹佛的黑人與白人學生接受困難的詞彙測驗。測驗開始前，先讓他們看了幾個樣本試題，以便了解測驗的難度。然後給他們八十個不完整的單字，每個單字都缺少兩個字母。他們必須儘快填上這些字母空格，就像玩自由聯想遊戲一樣。我們從實驗前的預備調查中得知，這些不完整的單字裡面有十二個可以填成與黑人智能的刻板印象有關的字詞，例如：「__mb」可以填成「dumb」（愚蠢），或是「__ce」可以填成「race」（種族）。如果光是接受困難的能力測驗就足以讓黑人學生記起自己種族的刻板印象，那麼這些學生就會將更多空格填寫成與刻板印象相關的單字。事實果真如此。當黑人學生被告知這是能力測驗，他們填寫出與刻板印象相關的單字的機率，比被告知這不是評量能力的測驗時更高。受到烙印壓力顯然會讓學生想起關於自己群體的能力的刻板印象。白人學生做這項測驗時並無類似壓力，因此無論是不是評量能力的測驗，他們幾乎都不會填寫與刻板印象相關的單字。

約書亞設計了另一個精密方法來找出刻板印象引發的是哪種焦慮。進行測驗前，我們再次請黑人與白人受試者先做個評分，這次是針對他們對各種音樂和運動的喜好。其中有些項目與黑人的意象有關，譬如籃球、爵士、嘻哈，有些項目則無關，譬如游泳、網球、古典樂。有趣的是，當黑人學生以為要做的是能力測驗時，會傾向唾棄具黑人特色的項目，比方說給籃球、爵士和嘻哈打的分數比白人學生低。但是當我們告知測驗與能力無關，黑人學生會強烈偏愛具黑人特色的項目。當喜愛這些項目有可能促使他人對他們產生刻板印象的觀感，他們似乎會刻意迴避。他們躲避的其實是負面的群體刻板印象的聚光燈。

最後還有證據顯示刻板印象威脅會迫使人尋找藉口，為表現欠佳尋找自身以外可以歸咎的理由。我們詢問參與者在實驗前一晚睡了多長時間。以為要做能力測驗的黑人學生的睡眠時間，比以為這次測驗與能力無關的黑人學生少，也比任何白人學生都少，不管白人學生對這次測驗有何想法。這些學生面對受刻板印象評斷的危險，自然會設法在遭受打擊時減輕打擊力道，這是人之常情。

不管自身具備何種技能和動力，不管對自己這次測驗成績的期望為何，不管自身的能力和興趣取向為何，這些黑人學生都在抵擋外界對他們所屬群體，對他們身為該群體一員的評斷。他們做這項測驗和其他類似測驗時，都承受著沉重的歷史負擔。

壓力的本質：優秀者的緊箍咒

這些初期實驗在在清楚地顯示，不一定是學業成績不好的人才會受到烙印壓力的負面影響，事實上，實驗結果甚至清楚到指出一個諷刺的、相反的可能性：可能讓你受到烙印壓力的也許不是因為你學業成績不佳，反而是因為你成績優秀！倘若真是如此，那就非知道不可了，這樣才能幫助我們更了解這個壓力的本質，以及它對誰的影響最大。截至當時為止，我們的實驗還無法回答這些問題，因為所有的受試者都是高材生。我們並不知道如果納入成績較差的學生會有什麼結果。他們是否也會受烙印壓力影響？——那就意味著這個壓力影響到有能力烙印的群體中的每一個人。或者他們不會受此壓力影響？——那就意味著這類群體中的高材生特別容易感受到這種壓力。要回答這些問題，只須從我們研究的一個群體中抽樣成績較差的學生，就能重做實驗，看看他們的表現是否會和群體中成績較好的學生的表現一樣，受到烙印壓力影響。現在只有一個問題：我們身在招生條件極為嚴格的大學，上哪兒去找成績較差的學生取樣？

有時候機會可能不請自來，這種事情不常發生，但偶爾會有。初期實驗結果發表後不久，一位新進研究生約瑟夫．布朗（Joseph Brown）和他擔任助教時認識的大學生米克爾．喬勒（Mikel Jollett），要求與我見面。他們是一對有趣的組合：約瑟夫是個瘦瘦高高、學者型的非裔美籍研究生，戴著一副金邊眼鏡，你希望你讀過的書他真的都讀過；而米克爾則是個充滿活力的嘻哈風格大學生，渾身散發著自信與創業精神。（事實上，米克爾在不久的未來成了紅極一時的毒害漫延合唱團〔Airborne Toxic Event〕主唱。）約書亞和我的實驗證明了種族刻板印象影響到史丹佛黑人學生的成績，他們對此很感興趣，並提出一個問題：米克爾三年前畢業的高中母校位於洛杉磯的市中心貧民區，如果到那所學校做實驗會有同樣的結果嗎？重要的是，他們剛好有個機會。米克爾還與高中的老師保持聯繫，他認為他們會讓他到那裡試做這個實驗。機會上門了。

米克爾立刻帶上一堆實驗資料飛往洛杉磯，回高中母校重做約書亞和我在史丹佛做過的實驗，來寫他大學畢業的榮譽論文。他利用空教室，讓一群白人與黑人學生做一份限時三十分鐘的高難度測驗（題目來自ＳＡＴ詞彙測驗部分）。對於他希望讓黑人學生體會到種族刻板印象壓力的實驗組，他也效法約書亞和我的做法，只說這項測驗是詞彙能力測驗。別忘了，這句再簡單不過的說詞就能讓黑人想到，這個測驗有可能印證自己所屬群體長久以來在智能方面的刻板印象。對於不想讓黑人學生體會到這種種族刻板印象壓力的對照組，他還是效法約書亞和我的做法，將測驗描述為是為了研究一般解決問題的技巧，而非「診斷」個人能力的差異。如此一來，有關黑人能力的刻板印象便與他們的表現不相干，因為表面上看來，這項任務的目的與（關於智能的）刻板印象無關。

接著他做了約書亞和我沒做的事。他評估了參與實驗的學生有多重視學校、多認同當個好學生。他的發現很有意思，讓我們一直以來所抱持的那個諷刺性假設有了明證。在非常重視學校的一半受試者中，米克爾也發現了約書亞和我所發現的結果：當黑人學生認為這是一項能力測驗，有可能印證自己所屬群體在能力方面的負面刻板印象，他們的表現就遠遠比不上相同技能的白人學生；但是當他們認為這項測驗不是用來鑑定智能，沒有印證能力刻板印象的危險，他們的表現跟相同技能的白人一樣好。在米克爾做實驗的這所市中心貧民區高中裡成績優秀的黑人，反應和史丹佛的黑人學生完全一致，如果有可能印證自己所屬群體在能力方面的負面刻板印象，就會擾亂他們。

不過在米克爾取樣的後段學生中的黑人卻沒有這種情形。比較不在乎學校的黑人受試者，沒有受到刻板印象干擾，不管是將測驗視為能力的測試或是非關鑑定的實驗任務，他們的表現都一樣。而且這兩組黑人學生的表現，和跟他們一樣不太在乎學校成績也不具優秀技能的白人學生程度相當。

在下定論說不重視學業能有效消除負面的能力刻板印象帶來的壓力之前，我們必須注意一個大問題：這些後段學生的考試成績並不理想。無論有沒有刻板印象的壓力，後段的黑人學生成績都不好。不過，他們就和同屬後段的白人學生一樣，在兩種情形下表現都一樣差。他們就是缺乏能考出好成績的技能和動力。雖然他們十分配合，規規矩矩地進行測驗，但一遇到困難的部分，因為不那麼在乎，乾脆放棄，看著牆上時鐘等候考試結束。

大多數人想到少數族裔學生成績不佳，都是想到米克爾實驗中那些技能和動力較弱，可能已經疏離學校的後段學生。當一個觀察者試圖解釋這些學生考試表現不佳的現象，就如同一九七八年初西雅圖體育記者試圖解釋超音速隊表現不穩定的現象，有太多缺點可以做為依據，例如未能接受良好的早期學校教育、生活在窮困社區、自我懷疑和缺乏期望造成心理傷害，進而導致學校疏離感、學術技能不佳、更強烈的學校疏離感，也可能缺乏家人支持，並疏離同儕文化等等。在米克爾的實驗中，他們放棄考試和表現不佳的現象背後，可能有以上任何或所有的原因。就這些學生而言，一般的認知似乎沒有錯。

然而，就那些儘管就讀市中心貧民區學校，多少還是克服了這些問題並認同學校的前段學生來說，一般的認知就不正確了。在米克爾的實驗中，讓他們表現受挫的唯一原因就是負面刻板印象的壓力——擔心自己會印證或是被認為印證這種印象。史丹佛黑人學生的測驗表現不佳，密西根女性數學高材生的數學測驗表現不佳，都是受到同樣壓力影響。一旦壓力解除，也就是告訴受試者說測驗只是實驗任務，他們便能在技能程度相同的學生群中名列前茅。

這正是我們所持的諷刺性假設。米克爾的前段黑人學生之所以容易感受到刻板印象壓力，不是對學業較沒信心或學術技能較差，反而是信心和技能較強的關係。優秀能力讓他們認同學校，重視學校和自己的成績。可是在學校裡，遇到他們認為能夠鑑定能力的困難課業時，便會承受額外的刻板印象壓力。這表示他們之所以對這種壓力敏感，不是因為期望不高，反而是因為懷有高度期望。

米克爾的實驗還證明了另一件事。它讓我們明白為什麼很難實際在日常學校教育中看出這種額外的壓力，因為在刻板印象壓力下，前段黑人學生的表現和那些缺乏技能、無論受到多少壓力都無法考好的後段學生一樣差。我們無法區別這兩組學生的測驗表現，因此從班級教師的角度，或甚至從更遠的入學評委的角度來詮釋他們的分數，很容易忽視這兩組學生表現欠佳的原因並不相同。這些學生中有一部分人就像一九七八年球季初期的超音速隊，或許不完美，卻擁有贏球的技能和動力——以這個實驗的學生來說，就是能夠發揮自己的學業實力。只須解除他們的刻板印象壓力即可。

身分困境：情境中的真正威脅

儘管到當時為止，這項研究在某些方面都只是剛起步，卻已經花了四年左右的時間。而整個研究過程中，始終沒有證據顯示我們所觀察到的表現欠佳現象來自當事人的性格特質，反倒像是來自他們在測驗中或課堂上必須面對的群體刻板印象壓力。我們將這種壓力視為一種身分的「困境」。修進階數學課的大學女生知道，在相同程度的學生群中，她會因為女性身分而被認為能力有限；幾乎在任何具有挑戰性的學術環境中，黑人學生也會有同樣的體驗；還有百米短跑競賽中，跑到最後十米的傑出白人運動員也是。這些人知道自己的群體身分，知道自己所在的社會如何看待這個身分，知道自己在做的事會關係到這個看法，還知道在某個階段自己會陷入困境，因為他們的表現可能印證社會對他們所屬群體，以及對他們身為該群體一員的負面觀感。

這些年來我們為這個困境取了幾個實用的名稱：「烙印影響」、「烙印壓力」、「烙印易感性」、「刻板印象易感性」，最後選定的是「刻板印象威脅」。這個用詞掌握到了「群體身分隨因狀況會引發情境困境」的概念，在一個人的生活環境中，這是關乎評價或待遇的真正威脅，而且是超越所有限制的威脅。

同一事物，不同意義：社會身分如何決定我們的所言所行？

試圖了解女性和少數族裔為何在校表現欠佳之際，我們對刻板印象威脅有了一定的了解。研究過程中，我們發現有一種困境會以某種形式、某種程度、在某方面影響每一個人，而且不是偶爾，是十分頻繁。我喜歡這個事實的一點是，它讓每個人都有機會透視其他群體的經驗。黑人在標準化測驗中感受到的刻板印象威脅，與女性在高難度數學測驗中感受到的刻板印象威脅相似。類比往往是以同理心深入觀察的最佳途徑。自身的刻板印象威脅，能藉由類推讓一個人了解另一個人的刻板印象威脅。

刻板印象威脅的現實還指出一點，諸如教室、大學校園、標準化測驗教室、競賽跑道等等地點，雖然看起來對每個人都一樣，其實對不同的人有不同意義。根據群體身分的不同，每個人在這些地方要對抗的東西也不一樣：刻板印象威脅不同、詮釋自己經歷的方式不同、目標和關心的事物不同。

對於大學進階化學課的女學生、一般學校的黑人學生、年紀較大重返校園的人、頂尖短跑競賽中的白人選手，都會有刻板印象「登堂入室」，讓他們看待這些情境的心情與其他群體的人不同。他們能否在這些環境中堅持下去，也會受到不同盤算的影響。舉例來說，當年輕又有潛力的白人短跑選手在決定是否繼續走短跑這條路時，基本上他所要決定堅持面對的環境，和年輕又有潛力的黑人選手所要決定堅持面對的環境並不相同。只要白人選手繼續留在短跑領域，每天都得對抗負面刻板印象的威脅。而且這個威脅會在最不該出現的時機出現，也就是在他最可能印證外界對他所屬群體的能力的刻板印象，讓他感受到最大壓力的情境中。

從我們的研究細節底下，浮現出一個背景故事。要想改善當初啟動這項研究的成績表現差異，並且更深入了解我們所有人的運作方式，需要進一步了解我們的社會身分和這些身分在生活中的作用。或許，在美國我們特別強調個人，不肯承認自己受到社會身分限制，譬如年紀較大、身為黑人、身為白人男性、身為虔誠信徒、抱持自由派政治主張等等。這種堅持有可能是好的，能促使我們超越身分的限制。然而，我們的研究仍顯示出社會身分具有深切的重要性：在特定地點、特定時間的身分隨因狀況，雖然往往細微到讓人無法察覺，卻能大大影響智能運作之類的重要事情。而這一點也暗示了，我們社會中一些主要群體在學校和標準化測驗中表現欠佳，這類影響可能扮演著重要角色。

這些發現讓我的研究室和其他許多研究室的研究都往前推進不少。大家探討的主要問題包括：這種威脅會影響到哪一類的行為和能力？刻板印象威脅如何作用在一個人身上而產生這種影響？什麼因素會讓這種威脅變強或變弱？個人和機構能採取什麼方法來降低這些不受歡迎的影響？

然而，在這一切努力的背後還有一個更宏大的概念，是關於社會身分如何決定我們個人、我們的所作所為和作為的好壞程度。貫穿本書的主線便是循著這項研究計畫的步驟，試著找出補救方法消弭這種威脅的惡性影響，也的確找到了一些顯著的改善辦法。但在此階段，或許應該暫時脫離這條主線，更仔細地談談關於社會身分和它在我們生活中扮演的角色這個宏觀概念。[注2]

注釋

1 在此要特別強調一點，實驗前白人與黑人受試者可能存在應試技能的差異（以他們入學的SAT成績評估的話），因此我們使用了標準統計程序來調整他們最後的測驗分數，如此一來，就各方面而言，我們的黑人與白人受試者樣本便都具有相同的應試知識和技能了。

2 本章中討論的結果可能導致一個觀點，認為在學生較不重視成績的較差學校，背負刻板印象的學生成績表現比較不受刻板印象威脅影響。這個觀點可能是正確的。只不過這些結果顯示了，在條件更差的學校裡還是有注重學業的學生，而他們可能深受刻板印象威脅。此外，幾乎每個人都會在乎某些智能行為，例如與老師說話或在班上發言時能言之有物，即使在較差的學校裡成績較差的學生，這類行為應該也會受刻板印象威脅影響。

第四章　較宏觀的身分認同：安納托．卜若雅、阿敏．馬盧夫和我們其他人的生活

記得當研究結果一一出現，我花了很大力氣去消化吸收其中的意義。誠如大家所見，這些結果一再顯示社會身分會透過一些限制條件影響我們，而這些條件絕大多數是因為我們擁有這個身分才會存在，從泳池的使用限制到刻板印象威脅都是。我們的發現提供了這種解釋，但我還是覺得這個說法有點不適合。或許因為我是心理學家吧，心理學家會把焦點放在內在、心理的部分。如果女性在高難度數學測驗中表現不佳，我們會傾向於從女性內在特質去尋找因由，這又是觀察者觀點，而這次是出現在我的學科領域。關於社會身分隨因狀況如何影響真實生活，我還需要更多實際的影像畫面，如果能看到這些畫面，應該就能對我們的解釋方向更有信心。

正當我思考這件事的時候，碰巧在《紐約客》雜誌上讀到小亨利．路易斯．蓋茨（Henry Louis Gates Jr.）的一篇文章〈像我一樣白：非裔美國作家安納托．卜若雅〉（White Like Me: African American Author Anatole Broyard）。讀著讀著，我發現已經看到我需要看的東西，看到我們實驗披露的過程的真實版本：一個男人終其一生都在努力克服歷史上某些強大無比的身分隨因狀況。在此先說說他的故事。

交換身分，改變限制：從黑人變成白人的《紐約時報》作家

安納托．卜若雅（Anatole Broyard）為《紐約時報》撰寫每日書評長達十八年，對《紐約時報書評》有長期貢獻。寫作生涯中，他也勤奮地寫了許多短篇小說和小品，一九九〇年死於攝護腺癌之前，做了最後衝刺，寫出關於疾病的完美系列小品。我閱讀他的文章多年，對那些關於疾病的小品記憶猶深。那些文章詼諧有趣、旁徵博引、見解深刻。若要說文中有什麼魅力祕方，就是卜若雅能將細膩的文學暗示、現代生活的街頭嬉皮意象與他如何控制病情的具體描述融合在一起，甚至包括單人脫口秀的元素，讓我們

看到一個滿腹經綸的英文教授侃侃談論生死與衰退。他讓我想起索爾・貝婁（Saul Bellow），但更具佛洛伊德風格。我依稀記得他是猶太人，而且很可能是歐洲裔，天曉得這個印象從何而來，也許因為姓名，或是幽默風格。不過，我要特別說一聲，在一九九六年拿起那本《紐約客》雜誌以前，我從未多想過這個問題。在那篇文章中，蓋茨披露卜若雅是黑人，他的父母都是黑人，而且一直追溯到十八世紀的祖先全都是黑人。

對他有此誤解的人不只是我。是卜若雅刻意隱瞞。雖然無論從哪個世俗意義來看他都是黑人，成年後的他卻一直過著白人的生活。也就是說，他「偽裝」成白人，直到臨終前從未暴露自己黑人的身分，連親生孩子都不知道。

二十世紀初期到中葉期間，有一波黑人大遷徙，卜若雅與近親——父母和兩個姊妹——隨著這波遷徙潮從南方移居北方城市。以卜若雅家族而言，就是從紐奧良搬到布魯克林的貝福德史泰夫森區（Bedford Stuyvesant）。遷徙的定義是離開自己和家人被熟識的社區，遷往自己和家人極可能無人熟識的社區。如果你的外表可以瞞過別人，那麼藉由這種遷徙移動，就能拋去原有的種族身分。據估計，一九二〇年代，大遷徙的顛峰年間，每年約有一萬至三萬名黑人以此方式隱瞞自己的黑人身分，移居北方後偽裝投入白人浪潮中。卜若雅的父親保羅就是個偽裝者，但只限於工作的時候。他是個技藝高超的木匠，白天「偽裝」成白人，才能加入木匠工會找到工作。下工後回到家，據說家裡仍是自在舒適的黑人氛圍。這種白天偽裝身分的做法在當時淺膚色的黑人當中十分流行，顯示當時膚色界線之嚴苛與荒謬。年輕的安納托有效法的對象，甚至有一個是很親近的人，因此他知道如何應付美國膚色界線這個獨特習俗。

有一個關於麥可・傑克森的玩笑話：「只有在美國，一個貧窮的黑人男孩長大後才可能變成富有的白人女子。」卜若雅倒是從未變得有錢（也沒有被誤認為女人），但是白人的部分他做到了。在成長過程中，就讀布魯克林男子中學和布魯克林學院時，他是黑人。這段期間，他愛上了歐美文學，也愛上了高雅的流行文化。他想成為作家，偉大的美國作家，而且他具備許多有利條件：布魯克林的成長背景讓他了解城市的生活，同時他還擁有超齡而豐富的文學知識。

二次世界大戰即將結束前，仍以黑人身分生活的卜若雅娶了一名黑人女子，生下一個小孩。接著他入伍從軍。應該就在那段時間，天曉得是為了什麼，卜若雅決定重新修正他的種族身分。其中細節不得而知，只知道他退伍後，丟下妻兒前往紐約市格林威治村。在那裡，這個布魯克林長大的黑人小男孩以不同面目重新展開生活。安納托・卜若雅就這麼變成白人了。

他成為格林威治村當地一個說故事的人，發表了一些小品文，買下一間書店，在社會研究新學院（New School for Social Research）和紐約大學擔任寫作講師，又接連發表了一些小品，娶了一名白人女子，簽下一本自傳小說的巨額合約（但他始終沒有完成），受聘擔任《紐約時報》的每日書評，最後搬到康乃狄克州的郊區，在這裡他自選的社會身分可能更容易與原有的社會身分保持安全距離。

身為黑人，卜若雅可能得努力對抗生活上種種限制條件。但因為他有機會，而且我敢說還為了其他諸多原因，他決定不再這麼做。當他改變種族身分，也跟著改變了隨因狀況，例如他必須面對的限制、他能得到的機會、他將來能走的路。別人會對他抱持不同期望，他可以生活在不同的地方，譬如可以搬到西村，無須被隔絕在貝福德史泰夫森區或哈林區。他可以取得不同的資源，例如可以向銀行貸款購買或租用書店，還可以透過職業網組織找到《紐約時報》的工作，假如他維持黑人身分，這兩者都不可能。他也能認識不同的人，娶不同的人，孩子可以上不同的學校，他可以成為不同的作家。變身白人後，他走的西村街道還是以前當黑人時的街道。他的社會有同樣的律法和慣例，他本身的才華、弱點、心理素質、文化信仰、喜好、態度、價值觀等等都和從前一樣，這一切都沒變，唯一改變的只有他的社會身分。如今的他是白人，不是黑人。他的社會地位變得不同，而從這個地位能走出的人生道路也截然不同。

我們通常覺得種族根植於一些與生俱來而明確的本質，可能是生理上的，也可能是文化上的。可是卜若雅的偽裝經歷，還有其他成千上萬的偽裝經歷，卻阻斷了這種傾向。偽裝進入白人世界時，他無論是生理上或文化上的本質，都毫無改變。他還是同一個人。改變的是他面對的條件限制。

以我們的用語來說，他用一組身分隨因狀況去交換另一組，也就是用當時當地身為黑人的隨因狀況，去交換當時當地身為白人的隨因狀況。交換之後，他的人生就從此改變了。

我先前說過，我是心理學家，有心理學家的癖性，會探視人的內心，尋找他們行為和成就的原因。但無論是我們自己做的研究（顯示某些社會身分在學校和測驗上帶來的刻板印象威脅，可能嚴重影響智能表現），或是卜若雅的經歷（顯示在真實生活中改變社會身分，可能導致截然不同的生活條件狀況），都讓我更加確信身分隨因狀況的觀念——這些狀況真實存在，而且它對我們行為和結果的影響恐怕是被低估了。

所有的身分都有區域性：唯身分至上的社會建構

二十世紀的科學心理學有大半時間都以行為主義為主流學派，我便是從行為學借用了「隨因」這個已受公認的術語，指的是在一個環境中，有些狀況會獎勵某些行為並懲罰某些行為，因而決定了我們在那個環境中會有何反應又會學到些什麼。這樣的隨因狀況在行為學中稱為反應隨因（response contingency）。至於我所謂的隨因狀況，則是為了在一個環境中正常運作而不得不面對處理的狀況。身分隨因狀況是因為有某種特定社會身分而特有的隨因狀況，譬如卜若雅只有身為白人才能申請到銀行貸款，或是一般人可能對老年人的心智靈敏度期望較低，或是南方人在新英格蘭參加雞尾酒會，被聽出口音後可能遭到冷落。這些都是身分隨因狀況。

這些狀況的產生取決於一個環境根據身分所建構的方式，以及身分在環境中形成刻板印象的方式。想一想典型的美國高中餐廳，誰都知道這裡的座位是依種族劃分的。想像一下白人學生和黑人學生走進餐廳時，會面臨什麼樣的身分隨因狀況——只要了解學校文化和較大範圍的社會，這些狀況他們自然心知肚明。例如，白人學生知道如果和黑人學生同坐，可能會得到令人不快的評價，像是太愛裝酷、太假、對種族無感等等。他可能會擔心受到冷淡對待，擔心說話被誤解，擔心未能了解特殊的文化意涵。黑人學生知道自己在餐廳裡的身分隨因狀況。他知道如果和白人學生坐在一起，其他黑人學生可能會認為他不忠誠，認為他可能想當白人。他可能擔心白人學生不了解他在學校感受到的壓力，又怕對他們直說以後會讓他們自責，也可能擔心忠於自我會遭受責難。在這間餐廳裡，兩種身分都要面對沉重的隨因狀況，這些狀況將國家的種族歷史帶進了學生的日常經驗中。要解釋餐廳裡種族隔離的現象，並不需要假設有任何一個學生有任何一丁點的種族偏見，原因有可能只是為了避免這兩個群體身分在那個地點所引起的不良隨因狀況。

這樣，主題就很明顯了。一如政治領域，所有的身分都有區域性，都源自於在地的特殊情況、在地的隨因狀況。

一條在屋裡遊走的蛇：無所不在的支配

然而，隨著這個（以隨因狀況為基礎的）社會身分觀點的發展，我覺得有必要將我們想法中隱含的部分明白表達出來。我發現我想得到能夠影響我們——我們的想法、感覺和行為——的身分隨因狀況，多半要不是像刻板印象威脅一樣威脅到個人，就是像泳池使用規定一樣限制了個人的機會。總之，最能夠影響我們生活運作的身分隨因狀況，似乎都會在某方面威脅或限制我們。

那次到麻州劍橋的拉德克利夫研究院（Radcliffe Institute）演講，回到史丹佛辦公室打開電郵信箱時，我心底抱持的是上述想法。拉德克利夫研究院舊名拉德克利夫學院（Radcliffe college），是附屬於哈佛大學的知名女子學院，就位在哈佛廣場。如今它是傑出的進階研究機構，提供國際間優秀的學者和科學家進行為期一年的研究計畫。然而，我的聽眾大多是哈佛和波士頓地區的大學生，我演說的內容則是關於社會身分以及這類身分的隨因狀況。為了強調社會身分的多樣化，我在PowerPoint投影片上列出九項，包括年齡、性別、性取向、種族、職業、國籍和政治立場。我認為列出這些，涵蓋的範圍已經相當全面。可是當晚飛回加州打開電子郵件時，卻看到下面這封信：

今天很高興聽到您在拉德克利夫所發表關於刻板印象和身分的演說。（我還挺喜歡的。）我畢業於史丹佛（一九九八年），目前罹患躁鬱症，因此您在演說中提到的許多隨因狀況等等，我頗有同感。即使在健康的時候，我也擔心別人會把我當瘋子。多數時間，我都把自己偽裝成「正常」的社會一分子。然而，當我加入躁鬱症互助團體，便覺得比較自在比較放得開。但我無法在會後問答的時間說出這件事，以免將來找工作面試時遇見今天聽到我發言的人，那麼我可能會遭受差別待遇。我內心備受煎熬，不知道該不該將自己的病情告訴同住的人（現在與我同住的人都患有精神方面的疾病，所以比較簡單），或是其他認識的人，包括家人在內。您列出的種族、宗教等等項目中，並未包括心理健康狀況，這一項往往會被忽視。不過我把它當成您所謂的暗示，暗示著我不被考慮在內，暗示著我的疾病之難以言說，甚至無法列入清單。請您以匿名的方式將我的故事與其他人分享……

我很慶幸這位學生最後給予這樣的許可。以下且讓我們一窺社會身分威脅的經驗。這不是一種清晰明確的威脅，不會聚焦於特定某一件可能發生的壞事。這名學生並不知道可能發生什麼事，甚至不知道是否會發生什麼事，也當然不知道萬一真的有事情發生，會發生在何時何地。她只知道以她的躁鬱症患者身分，可能會遭遇到某些事。負面的隨因狀況很容易想像：如果這個身分被在場聽眾、她的朋友，甚至她的家人發現，會立刻產生尷尬和羞辱的感覺，也可能遭社會摒棄、造成互動尷尬、失去就業機會、遭到批判、受到忽視。

身分威脅無所不在，就像我之前說過的，有如一條在屋裡遊走的蛇。我們這位罹患躁鬱症的學生必須對她的社交世界保持警覺，細細檢視裡頭的人對躁鬱症患者有何感覺。蛇會在哪裡呢？被蛇咬了以後會有多嚴重？她會失去工作或教育機會嗎？別人會迴避她嗎？諸如此類。

無所不在的威脅讓人時時提心吊膽，滿腦子只想著受到威脅的身分。有一點必須說清楚，身分威脅是那些真正在某方面威脅到個人的身分隨因狀況的子集合，這是身分支配我們的主要方式，以此決定我們的機能如何運作，甚至讓我們知道自己有一個特殊身分。當天在演說禮堂裡，一個外表看起來再正常不過的大學畢業生，一個與周遭環境融合得天衣無縫的人，內心卻被自己躁鬱症患者的身分所盤踞。無所不在的身分威脅或許曖昧不明，卻強大到足以讓某個身分獨立出來，成為一個人機能運作的中心，強大到足以讓這個身分比同一人的其他任何身分更重要，至少在受威脅的期間如此，譬如性別、種族、宗教信仰、年輕、史丹佛畢業生等等。

以身分之名：控制我們心靈的力量

法國隨筆作家兼小說家阿敏．馬盧夫（Amin Maalouf）具有多重的社會身分。他是出生於黎巴嫩的基督徒，母語是阿拉伯語，小時候就讀一所法國耶穌會學校。一九七六年，他逃離家鄉戰亂移居法國，開始以法文寫作，從此再也沒有離開過。因此，馬盧夫至少同時擁有以下幾個身分：黎巴嫩人、法國人、阿拉伯人、天主教徒、作家、男性、移民。也許正是因為具有多重身分，才讓他寫出觀察深刻的著作《以身分之名：暴力與歸屬需求》（*In the Name of Identity: Violence and the Need to Belong*）。這本書的中心問題在我們的時代引起深切共鳴：「為什麼這麼多人以身分之名犯罪（與施暴）？」答案是，以你認為受到攻擊的身分的名義，可以去做以個人、以自身名義永遠做不到的事。為了捍衛自己的國家、自己的宗教、自己的區域、自己的民族、自己所屬群體在世界上的形象，一個人可以做出在其他狀況下無法想像的事。《以身分之名》以強有力的論述，闡明了讓現代人生活飽受災難的恐怖主義、戰爭和大屠殺的爆發原因，同時描述了身分威脅控制我們心靈的力量：

> 人往往會以最常受到攻擊的忠誠（身分）來看待自己。有時候，當他無力捍衛這份忠誠，就會加以隱藏。於是它深埋在暗處，等候報復。但無論是接受或隱藏，是低調宣示或大肆炫耀，此人都是以這份忠誠關注自己的身分。**於是，無論這份忠誠關乎膚色、宗教信仰、語言或階級，最後都會擴及此人的整個身分認同。**其他擁有相同忠誠的人也會起共鳴，所有的人會聚集起來，團結力量，互相鼓勵，向「另一方」挑戰。（頁二六，粗體字後加）

馬盧夫強調的重點與我的類似：讓某種身分凸顯於一個人的感覺和思緒的原因眾多，最重要的一個也許是它讓人感受到威脅。因為感受到公開曝光的威脅、失去人際關係和工作的威脅，才使得聽眾席中這位學生向我說出她的躁鬱症患者身分。這份威脅針對的是一個人所有社會身分中的某個身分，讓它支配此人的情緒和思緒，進而「擴及此人的整個身分認同」。

因此，不管在馬盧夫或在我看來，具威脅性的身分隨因狀況力量最為強大。當我們因為擁有某種既定特質而**受到威脅**，就會讓我們格外意識到自己是某一**種**特定的人。

若要從你本身的生活中檢視這一點，就想想你生活中的重要環境，如學校、職場、家庭。以最強有力的論點來說，如果在這些環境中，你無須因為自己是女性、年長者、黑人或說話帶西語口音而去面對任何問題，那麼身為女性、年長者、黑人或帶有西語口音這些特質，就不會成為你在那個環境中的重要社會身分。這些會是你擁有的特質，你可能會為了各種原因予以重視，但在那個環境中，這些特質對你當下看待事情的態度、你認同的人、你對事件的情緒反應、容易和你處得來的人等等，都沒有太大影響。這些不會成為在那個環境中的你的中心特質。

因此我的主張很簡單：你會感覺到自己擁有某種特定社會身分，是因為必須面對重要的身分隨因狀況，而且通常是具有威脅性或限制性的隨因狀況，諸如所屬群體的負面刻板印象、某一種群體隔離、歧視和偏見等等，而這一切都只因為你有某種既定特質。讓我們的某種特質升級為某種社會身分的因素，就是與該特質有關的隨因狀況，而且大多是具威脅性的隨因狀況。

若在我七、八歲時告訴我，應該更關心自己的非裔美國人傳統，我可能會聽得興致缺缺，至少暫時如此。可是因為我是非裔美國人而不能進泳池，即使是在七、八歲年紀，這個身分也占滿了我的心思。它對我和對卜若雅造成的負擔不同，我屬於較後期的世代。在我人生大多數重要情境中，我面對了不同的種族隨因狀況，也遭遇過關於這個身分、關於生活在該身分隨因狀況中的人，非常正面的好事。這個身分在許多方面影響了我，包括品味、喜好、觀點、自我感覺。但如果忘記伴隨這個身分而來的意識和性格，都源自於該身分的一個隨因狀況，也就是一週當中只有星期三能游泳，其他日子得呆坐家中，那就太愚蠢了。

身分確實有正面與中立的隨因狀況，也就是我們因為具有某種身分而必須面對的社會狀況，但這些狀況並不具威脅性，而只是中性或甚至正面。男性上男廁，女性上女廁，這種安排事實上也是一種性別身分的隨因狀況，但因為已成慣例，基本上屬於中性狀況，不會受到注意。像這樣的中性隨因狀況，不會讓我們以本身的性別身分來看待、感覺和體驗世界。（除非走錯廁所，或是擁有中性外貌，那麼以性別區分的廁所就可能讓人高度意識到自己的性別身分，構成負面的身分隨因狀況。）

同樣地，正面的身分隨因狀況幾乎不會讓人意識到自己的身分。在選擇隊友進行街頭籃球鬥牛時，我可能會很快被選中，因為我是非裔美國人，而這個社會對非裔美國人的籃球技能有正面的刻板印象。不過很快被選中對我毫無不良影響，我可能不會去注意到。我可能不會注意到自己的優勢，而會以為和其他人都受到同樣標準的評價。既然沒有注意到自己的優勢，可能也不會意識到這種優勢所倚賴的身分。

因此，最可能將某種身分強加在你身上的就是具有威脅性的隨因狀況，也就是因為你的身分而可能發生**不好**的事情的威脅感。不一定要很確定，只要**有可能**發生就夠了。就是這份可能性讓你不得不提高警覺，也讓這個身分盤踞你的心思。

來聽我演講的躁鬱症學生無法擱置這個問題。她想知道：「一個以研究身分困境維生的人，怎麼會沒提到我的身分？」「躁鬱症真的這麼不堪提及嗎？」她在解讀暗示，試圖理解自己身分的意義和身分對自己生活的影響。儘管她的身分未公開，這些問題仍無法等閒視之。

詹姆斯．科莫（James Comer）是全美最成功的學校革新計畫之一的推動者。一次又一次的事實顯示，原本表現不佳的公立學校在謹慎落實他的政策後，學生考試成績大幅提升，同時提升了學校的地位。他知道低收入的少數族裔學生有許多苦惱，其中之一就是我所描述的那種身分威脅。為了協助減輕這種威脅，他偶爾會提出一個簡單的建議。他告訴學生，如果有什麼事情可能反映出對自己社區成員的偏見或不公，無須理會。如果事情再度發生，他還是告訴他們無須理會。如果事情第三度發生，他告訴他們那就應該大鬧一頓。

科莫的建議是一種機率策略。第一次出現的線索看似種族或階級偏見，卻很可能不是偏見。記得科莫和我還開玩笑地推測：這些首次出現的線索不帶偏見的機率有多大？百分之三十？百分之七十？比例會改變嗎？我們無法推斷出明確的數據。我喜歡他這個建議，因為它說明了學生的心理負擔，他們的憂慮大部分來自一種曖昧不明的狀況，他們擔心種族和階級可能影響外界看待他們的眼光，擔心身分隨因狀況。如果學生能將他的建議變成習慣想法，就能把有多少曖昧不明的狀況需要擔心的門檻提高，那麼在情況較明朗之前，能暫時擱下對身分的焦慮。

如此看來，主要是威脅感讓某個既定身分「擴及〔我們〕整個身分認同」。我舉的例子都和嚴重的威脅有關：可能丟掉工作、可能受社會排擠、可能在公開場合感到尷尬等等。不過一定要是這麼嚴重的隨因狀況，才能讓某個身分成為我們機能運作的核心嗎？社會心理學有一個極度戲劇化的研究傳統，之所以戲劇化正是因為它不斷提出反證：即使再微小的身分威脅，都足以讓我們以群體成員的身分去思考和行動。

極小群體效應：為什麼我們這麼輕易就產生差別心態？

一九六九年夏天，初到英格蘭布里斯托大學任職系主任不久的世界知名社會心理學家亨利．泰弗爾（Henri Tajfel），在麥克．畢利格（Michael Billig）、班迪（M. G. Bundy）和克勞德．佛拉蒙（Claude Flament）的協助下，將六十四名十四、五歲的男孩分成八人一組，帶進他在布里斯托的新實驗室。他們告訴男孩要做一個測試視覺判斷力的實驗，並在他們面前的螢幕上投射由四十個圓點組成的各種影像，再讓他們判斷圓點數目。然後表面上根據這些判斷，告訴每個男孩他是「高估者」或「低估者」，但事實上這些標籤是隨機分配的。

接下來，研究者將男孩帶到個別的小房間，要他們將可以兌換小額現金的點數分配給另外兩個男孩，但是分配方式必須按照他們拿到的一張選項表進行。在每個選項中，一定有一個男孩比另一人分配到更多點數。負責分配的男孩會不會偏心同一群體（「高估者」或「低估者」群體）的男孩呢？——儘管這個「群體」基本上毫無意義。

令人驚愕的是答案是肯定的。當男孩要分配點數給兩個同屬自己群體的男孩，他們會依選項表盡可能公平地分配。可是當他們要分配的對象有一個屬於自己的「估計」群體，另一個屬於不同「估計」群體，便一律會偏心自己群體的成員。即使是如此渺小的身分，他們也會有所偏袒。

第二個實驗的受試者同樣是年齡相仿的男孩，這次依照他們對克利（Klee）與康丁斯基（Kandinsky）畫作的喜好程度分組，這兩人是二十世紀初畫風和技巧非常相似的歐洲畫家。然後，男孩仍須再次進行分配工作，只不過這次讓他們選擇的是一個整體的分配策略：策略一是在不同群體的男孩之間平均分配；策略二是讓兩個群體的男孩的共同利益極大化；策略三是讓同群體男孩的利益大於另一個群體的男孩，但是這麼做會讓「他們自己人」的積點比公平策略的積點來得少。

結果又是一樣，男孩有所偏袒。當要他們選擇將兩個群體的利益極大化或是讓自己群體的利益大於另一個群體時，他們選擇了讓同群體的男孩占優勢，**哪怕這個策略讓男孩拿到的錢不如公平分配策略**。這群來自牛津的小男孩有了競爭心理。雖然他們偏心的群體基本上是隨機產生的，他們仍然為了群體優勢而犧牲利益。

為了避免你以為只有年輕的牛津人會這麼做，我必須強調一點，在這個結果首次發表後的三十五年間，這些實驗以數百組不同樣本的民眾、在世界各地數十個國家，重複做了不下千次。沒有一個結果顯示有哪一類人或民族，對這種如今被稱為「極小群體效應」的現象免疫。

為什麼我們這麼輕易就會產生差別心態？泰弗爾和學生約翰・透納（John Turner）提出一個簡單的答案：自尊。我們重視自己的群體是為了重視自己，哪怕這個群體「極小」，只是短暫存在，例如低估圓點數的群體。如果是比較重要的群體，像是就讀的高中，這個過程就更顯而易見了。我們重視自己的高中，就等於是重視自己的一部分。這個心態當然適用於所有的群體與同盟關係，諸如社區、城市、同齡層、收入階級等等。由於喜歡自己的群體就等於喜歡自己的一部分，自然可能偏袒自己群體的成員，也就是自尊的需求驅動了內團體偏私（ingroup favoritism）的心態。這種情形會在不知不覺中發生，但似乎的確會發生。

泰弗爾和同事的實驗強調了幾個深刻重點，那是肉眼不容易發現的：對自尊的需求強烈到讓我們連最微不足道的群體身分都要在乎；我們可能對一無所知的人產生偏見，只因為他們不是我們所屬群體的一員，就算這個群體再微不足道也一樣；這一切幾乎全世界每個人都不能免俗。（不過有證據顯示，來自集體社會的人比較沒有這種現象。）

要觸發人類的偏見何其容易！無論加害者或受害者都不需要有何特殊之處，普通的人類機能運作——維持自尊——就已經足夠。這是關於人類心理的啟示。

泰弗爾在證明群體偏見只需極小的條件狀況的同時，也證明了群體身分認同一樣只需極小的條件狀況。要感受到某個既定身分，要讓這個身分支配我們並影響我們的機能運作，相關的隨因狀況不一定要戲劇化，甚至不一定要有因果關係。只需「極小的」威脅就可以做到。只要被歸類為「高估者」就夠了，這當然是極小的威脅，卻足以啟動一個身分，讓它至少暫時「擴及整個身分認同」。說到身分威脅，我們人類還真是敏感。

社會身分認同的可塑性：從紐約到巴黎的距離

不久之前，我在全國公共廣播電台的《美國生活》節目（*This American Life*），聽到伊拉．格拉斯（Ira Glass）主持的一段訪談，與我們所思考的一個核心意涵有明顯關聯。這個意涵是：如果我們的社會身分，譬如種族、性別或政治色彩等身分，起源於局部性隨因狀況的可能性，相當於或大於起源於內在特質，這些身分恐怕無法持久。換句話說，身為某種人的感覺，以及像某種人一樣的機能運作，可能比想像中更容易隨情況改變。我們所發展出來的論據暗示了這一點，我們的實驗也證明了這種情況可能發生。女性和黑人在刻板印象威脅的身分隨因狀況下會表現欠佳，但隨因狀況一旦移除便沒有這種情形。身分對他們的影響隨著情境劇烈變化。但我還是擔心，因為實在很難想像環境的改變，能夠改變某種既定社會身分「擴及整個身分認同」的程度。是否能在真實生活中找到一種現象，來闡述社會身分認同的高度可塑性呢？找到一個就能激勵我們繼續朝這個方向思考。有時候在解決問題時，我不是想「用王國換一匹馬」，而是想「用王國換一個好例子」。格拉斯的訪談就是這樣一個好例子。

節目內容聚焦的問題是「為什麼這麼多美國人深愛巴黎？」。格拉斯感興趣的話題之一是非裔美國人的移居國外——非裔美籍作家和藝術家移居巴黎的傳統由來已久，其中包括詹姆斯．鮑德溫（James Baldwin）、約瑟芬．貝克（Josephine Baker）、李察．賴特（Richard Wright）和無數的爵士音樂家。這是一個早在二十世紀初便存在的傳奇社群，至今仍有尋訪他們足跡的觀光路線。格拉斯問一名曾在巴黎住過幾年的年輕非裔美國女性，非裔美國人移居的現象是否仍如昔日傳說中那樣。

她回答時先描述了自己在美國的生活。她出生於布魯克林，在一間公營社區住宅長大。她成績優秀，對她與同儕的人際關係卻不見得有幫助。她申請到一所不錯的大學，希望能有較好的求學經驗，不料還是一樣難以融入。她試著與中產階級的黑人女性交朋友，但她們眼中的她是「公宅女孩」，而她眼中的她們則是「看錢太重」。雙方始終僵持不下。白人女性也無法倚賴，照她的話說，她們跟她沒什麼關係。除此之外，還有美國這個大環境中的種族關係。我們的社會反映著過往歷史與持續存在的生活方式，如今根據種族建構的方式仍足以為所有人製造出身分隨因狀況，也許對一個在布魯克林公營住宅長大的黑人女性尤其如此。

後來，她搭上飛機去了巴黎。本來只是去玩玩，卻發現那裡又美又舒服，定居下來找到工作，認真學習語言，將她不確定的未來孤注一擲於此。

格拉斯問及她在巴黎的種族經驗。她的情緒立即高漲，聲音中透著快樂。她說在巴黎她仍然是黑人，但社交時這不是她最重要的特點。她說身為黑人，尤其是受過教育的黑人，對巴黎人的意義與對美國人的意義不同。她描述巴黎人對非裔美國人的熱情，描述他們與爵士樂手和非裔美國作家的戀情。她說在巴黎第一次被當成一個完整的人。

她很快又指出，法國人的偏見不比任何人少。她敘述他們對身為昔日殖民地居民的北非移民缺乏情感，這些人當中有很多人長得像她，幸好是她的美國腔法語使她不至於被誤認為北非人。她說法國人與北非人之間的關係，有點類似美國白人與黑人的關係，但在少數族裔的融合方面，法國社會比美國社會還要封閉。她說不管她法語練得多好，都不可能被當成百分之百的法國人。

然而，她說有時候搭地鐵，她會暗自感謝法國人讓她生活在他們的國家。她說在巴黎覺得很自在，而且很可能不會再回美國定居。

我一直主張所有的身分都是局部的，都起源於局部的隨因狀況。當這名女性前往巴黎，就改變了身分隨因狀況。隨著這個改變，她種種身分在心理上的、日常的重要性也改變了。在巴黎，身為美國黑人對於她日常生活的重要性大為降低，偶爾甚至能誘發情感。此外，她將自己「公宅女孩」的身分以及和「布爾喬亞」女生的身分衝突全部拋到腦後。在巴黎的生活，完全沒有與這些身分相關的事情需要面對處理。沒有了隨因狀況，身分就不是問題。就像格拉斯所說，她在美國的生活中那種主要而明確的身分衝突，到巴黎以後就消失了。

她在那裡實現的結果差不多就像卜若雅偽裝後的結果。藉由偽裝改變了種族身分，卻能留在國內。藉由移居維持了原有的種族身分，卻改換了國家。這兩項策略是同一枚銅板的兩面，都是為了追求較不受限的身分隨因狀況。

這並不表示這名非裔美國人在巴黎絲毫沒有顯現她非裔美國人身分的痕跡。這些痕跡肯定仍然存在，譬如喜愛漢堡和烤肉、喜愛棒球、喜愛美國人較常面帶微笑並打招呼的習慣、喜愛某些類型的音樂等等。她或許還很喜歡與其他美國移民相處。但這些源自於非裔美國人身分的內在特質，與她的新生活關聯性較小，也許甚至會隨著時間消逝。

仔細聆聽她的談話，我不禁好奇是劃上什麼界線而無法被視為「法國人」。不能開公司嗎？不能求職嗎？不能當醫生或教授嗎？我還想到移居國外並不是可以說撤就撤的策略。若想從巴黎回國，移居者得知道自己原有的身分，其性別身分、種族身分，目前在美國的隨因狀況。隨因狀況會改變。離開越久，回國時要學習的越多。移居國外有個風險，可能會讓人困在新的身分中。偽裝也有同樣的風險。或許正因如此，卜若雅才難以向孩子吐露自己的種族身分。一旦吐實就等於將自己遣返，迫使自己在新的黑人隨因狀況中打造出新的黑人身分。他的妻子珊蒂告訴蓋茨，她每隔一段時間就會央求卜若雅告訴孩子實情，但每次都遭到拒絕。學習如何應付原來黑人身分的新隨因狀況這條「回家」之路，將會無比艱辛，尤其是對一個如此受矚目的人。

這些想法是在我聆聽格拉斯訪問這名移居巴黎的非裔美國人時想到的，但即使她也想到了這些，倒是尚未感到困擾。

我和同事做的實驗顯示，倘若改變某個社會身分的隨因狀況，例如在這項研究中，改變受試者可能印證自己所屬群體負面刻板印象的風險程度，那麼一般認為與社會身分某種內在能力有關的表現，就像女性的數學成績程度可能與其數學能力有關，也會大大改變。而「偽裝」與移居國外等等身分改變的現象，暗示著我們在實驗室看到的只是冰山的一角，是一個顯露在外、關於社會身分認同更基本的事實。這些現象也暗示著某個既定社會身分在生活中的存在感視隨因狀況而定，亦即視當事者因為該身分所必須應付的實際情況而定。只要讓此人「偽裝」或是移出，來消除這些隨因狀況，這整個身分就會變得毫不相干。只須遷居巴黎，一場關乎人生的身分認同衝突就消失了。

從這裡能看出社會身分的哪些特點？要想進一步解決我們最初研究的問題，必須做什麼樣的矯正？有兩個結論似乎是無可避免。第一，社會身分會因應生活中的特殊情況，也就是我所謂的身分隨因狀況而變。如果不需要這些身分幫助我們應付這些情況，那麼構成我們社會身分內在面的觀點、情感傾向、價值觀、理想抱負和習慣，就會從我們內心慢慢流失不見。第二個結論則預示了本書所採取的較實際的方向。若想改變與社會身分相關的行為和結果，譬如計算機科學領域的女性太少，不要只想著改變該身分的內在表現，如價值觀和態度等等，而是應該專注於改變這一切內在因素用來適應的隨因狀況。二十世紀初著名的非裔美籍喜劇演員伯特．威廉斯（Bert Williams）說過：「我從來沒有發現當黑人有什麼丟臉之處，但我不得不承認，我覺得很不方便。」那麼套威廉斯的話來說，我們無須費心改變當黑人的「丟臉」之處，而是要改變當黑人的「不便」之處，要改變這個身分的隨因狀況。

雖然對社會身分的了解越來越多，前景看似樂觀，科學遊戲卻得腳踏實地地玩，得透過實證研究來玩。而且這份深入的了解有一個禁得起考驗的清晰意涵：假如我們先後在女性和黑人身上觀察到的效應，不完全起因於這些群體的特質，而是起因於我們主張的刻板印象和身分威脅，那麼應該會在許多群體觀察到類似效應，而這些效應關係到許多不同刻板印象，也關係到許多不同的表現和行為。證明了這一點，將會為我們的初步了解增添實證的分量。接下來，我們要再回到貫穿本書的主線，回到更詳盡的研究計畫，來探討身分威脅及其解決之道。

第五章　刻板印象威脅的經驗

正面與負面刻板印象較勁：黑人、白人男性、亞裔女性的例證

泰德．麥道格（Ted McDougal）是某所一流大學的白人學生，當他第一天走進非裔美國人政治學課堂，不自覺數起了人頭。班上有四十五名學生，除了他自己，只有另一個白人，還有幾個亞洲學生零星點綴，其他全部是黑人。泰德對非裔美國人的經驗了解不多，修這堂課是為了增長知識。可是當他坐下來，卻覺得有個問題像漫畫的對話框一樣掛在自己頭上：這個白人在非裔美國人政治學的課堂上做什麼？

課程從歷史開始說起，重點放在南北戰爭後，南方白人在維護政治優勢時，暴力扮

演著什麼樣的角色。教授透過投影片播放鞭打的照片，並促使學生設身處地想想這場悲劇涉及的人。課堂上的討論很激烈。泰德發現黑人學生開始說「我們」。他知道自己沒有包括在內。接著「白人」的字眼出現了。「白人試圖躲避這段歷史。」「白人不想為這些罪行負責。」他覺得很不自在。數星期後，我們為了這個研究約在校園書局咖啡館進行訪談，他告訴我在這所大學，他經常要費心地證明自己的學業能力。可是在這個班上，他知道必須以另一種方式來證明，他必須當一個好人，當一個主張相同的盟友，當一個沒有種族歧視的白人。

他覺得自己在班上有多重任務。他會去上課並參與討論，但同時又擔心自己的發言，甚至於想法，可能會印證高懸在頭上的疑慮。因此他發表的意見總是維持在「冰山一角」的程度，盡可能不去冒犯人。例如，他會在班上說出自己真的很喜歡民權運動領袖貝亞德．魯斯汀（Bayard Rustin），但不會說自己其實不太清楚魯斯汀在民權運動中的角色。他極少發言，有問題也不敢提問。他發現班上另一名白人學生也是如此。多數時候，他們倆都不說話。第一天快下課的時候，教授在座位間走動，詢問學生的姓名和主修科目，他竟幾乎發不出聲音。他把自己的名字說得像「害德」，整個人有氣無力地頹坐在位子上。

我們面談時，那個學季已經過了一半，情況卻沒有好轉多少。我問他這種緊張情緒有沒有干擾他的學習，他說應該有。他提到在宿舍閱讀聖克萊爾・德瑞克（St. Clair Drake）和霍瑞斯・凱頓（Horace Cayton）的經典著作《黑色都會》（*Black Metropolis*），其中有一段分析了二十世紀中期，黑人人口的成長如何影響芝加哥市的政治。泰德說他沒有把握是否正確了解這段內容，也許他持有偏見，也許他的想法在不知不覺中受到成見、刻板印象或單純的無知所汙染。即使獨自在宿舍裡，他也沒有安全感，想法仍受到封鎖。

但他認為這堂課對黑人學生是有益的，他說：「能讓他們有機會展現自己的聰明。」在他學校的大多數課堂上，黑人都是少數，而且往往是極少數。他們上那些課的感覺可能就跟他上這堂課一樣。這是他留在這個班上的一部分原因。角色對換很公平，但更重要的是對他有所啟發，讓他能看出環境如何影響他的「聰明」。他感受到的壓力將他的想法局限在安全、無害、膚淺的「冰山一角」，溫習教材時幾乎無時無刻不意識到自我。但他看得出因為經驗和人數而在班上占優勢的黑人學生，並未意識到自我，上課時認真投入，往往能有令人刮目相看的發言。

我們的面談持續了好一會兒。他從未想到一堂課能有這麼大的影響。我向他解釋我和學生正在研究的觀點，解釋黑人與白人這種社會身分的意義如何由情境隨因狀況中產生。我說很可能正是因為如此，他在這個班上才會如此強烈感受到自己的「白人身分」，因為他成了少數。而且，課程的主題時時凸顯種族歧視或對種族無感等等白人的負面刻板印象。他的壓力便是由此而來，我如此解釋道。

我將這個壓力解釋成他課堂身分的隨因狀況，是他要背負的十字架。他傾聽著。我精神為之一振，越發擺出老師的架子，告訴他說他很可能學到了寶貴的一課，由此了解其他群體的經驗，將能如願拓廣自己的視野，讓自己更有世界觀。他傾聽著，說這樣很好。但面談結束後，他說這堂課讓他印象最深的是上課的感覺，沒想到他自己與班上同學的「聰明」竟受到如此大的影響。

泰德上這堂課的經驗，包括缺乏參與感、自我意識強烈、理解教材的態度猶豫、表現失常，反映出一種威脅感，十分類似考高難度數學測驗的女性和考任何艱難學科測驗的黑人所體驗到的威脅，只是威脅的形式不同。涉及的群體身分不同，泰德是白人男性，不是女性或黑人。他受此威脅感影響的行為問題不同，泰德擔心自己在班上缺乏參與感和自我意識強烈，更甚於擔心成績表現。還有他擔心會印證的刻板印象也不同，他擔心的不是自己不聰明，而是被認為對種族無感。他知道在其他課堂上，當他不是少數族群時，沒有這個壓力——這個班上的黑人恰好相反，這堂課是他們難得能享有人數優勢和安全感的地方。無論如何，他在這個班上體驗到一種影響他甚巨的刻板印象威脅。

泰德的故事明白指出一個重點：經實驗證明會影響女性和黑人智能表現的那種身分威脅，可能是一種普遍現象，會以某種形式、在某種情境下影響任何人。世界上沒有哪個群體毫無負面的刻板印象，老年人、年輕人、北方人、南方人、盎格魯撒克遜白人新教徒、電腦高手、加州人等等都是。當擁有這些身分的人在做某件事，或處於某種情況下，而這件事或這個情況又關係到自己群體的負面刻板印象，他們就可能感受到刻板印象威脅。他們可能會感受到一種壓力，覺得不能印證刻板印象，以免別人用這種印象來評斷或對待他們。像這樣的身分威脅（身分隨因狀況）是每個人生活的一部分。

不過在我們研究初期，沒有證據顯示身分威脅是每個人生活的一部分。我們證明了這個威脅對女性數學高材生和非裔美國高材生有影響，這已算是略顯普遍化，因為發生在兩個群體，而不只是一個。但持懷疑態度的人可能會說，女性和黑人這兩個群體也許內化了關於自己群體能力的負面刻板印象，也許這個內化作用讓他們容易感受到刻板印象威脅，因此才會得到我們實驗所得的效應。別忘了第三章引述奧爾波特的話：「一個人的名聲，不管是真是假，只要一而再、再而三灌輸到此人腦中，就一定會對他的性格起作用。」有沒有人在成長過程中未受到這種「灌輸」，也未發展出奧爾波特認為會隨之而來的自我懷疑，卻仍呈現出這些刻板印象威脅效應？

一如科學界常聽到的，這是一個「實證問題」，也就是可以經由研究回答的問題，因此它必須經由研究來回答，不能加以揣測。我們後來發現，回答這個問題需要兩個步驟。第一，要先確定受刻板印象威脅效應影響，是否真的需要對該刻板印象易感。第二，要檢視是否真能在其他群體發現刻板印象威脅效應，亦即對不同的刻板印象起反應，並涉及不同行為。

我們先從第一個問題著手，我和實驗組員與同事們為這個問題想破了頭。當時我辦公室對面就是同事李・羅斯（Lee Ross）的辦公室。由於羅斯能看到問題的許多面向，經常被稱為社會心理學家中的社會心理學家。他昔日的一個學生還曾經以「社會心理學界的查理・帕克（Charlie Parker）」來介紹他，因為和這位天才爵士薩克斯風演奏家一樣，他能吹奏一大串旋律複雜的音符。去他的辦公室聽聽他的想法，倒不失為一個大好辦法。我們於是聊了起來。

有個解決問題的方法出現了。我們得做一件看似不可能的事，就是將刻板印象威脅加諸於某個群體，但卻是在他們不具負面刻板印象的表現領域，那麼他們就不可能因為內化作用而對刻板印象易感。如果到時候他們表現不佳，就可以知道要體驗這種威脅，不一定要事先對刻板印象易感，只須當下情境中出現刻板印象威脅即可。如果他們沒有表現不佳，則可以知道要體驗這種威脅，**確實**需要有這種易感性。但是該怎麼做呢？要怎麼讓一個群體在他們不具負面刻板印象的領域裡感受到刻板印象威脅呢？

我、約書亞、麥可・魯斯提納（Michael Lustina）、凱麗・奇奧（Kelli Keough）、布朗和凱瑟琳・古德（Catherine Good）一起集思廣益，終於想出一個策略。我們要讓成績優異、高度自信的數學系白人男學生，體驗到另一個群體，也就是亞裔美國人，在數學方面的正面刻板印象所帶來的刻板印象威脅。進行一項高難度數學測驗前，我們會告訴他們這個實驗是為了研究亞洲人的數學能力，而他們即將做的測驗「亞洲人的成績應該會比白人好」。如此一來他們所處的情境便相當於我們之前實驗中，面對刻板印象威脅的女性和黑人的情境。他們有可能印證自己群體的數學能力較差，只不過這次不是直接印證，而是經由另一個群體的刻板印象優勢來印證。那麼即使是正常的考試挫敗，也可能意味著白人的數學能力不如亞洲人。對於在乎數學成績的白人學生而言，這樣的認知，以及別人可能以此來評斷或對待他們，已足以擾亂心思，有損他們的考試表現。

但是白人男性並沒有被「灌輸」關於自己群體數學能力較差的刻板印象，因此應該沒有內化的自我懷疑，認為自己會經歷這種事——而這種懷疑可能是我們在女性和黑人身上觀察到的刻板印象威脅效應的一項必要元素。所以如果白人學生在亞洲人的刻板印象影響下表現不佳，就可以知道這是受到刻板印象威脅的情境影響，而不是因為長期社會化過程所造成的自我懷疑。

這是我們的推論。但是我們知道可能有人會說，數學系白人男學生雖然沒有被直接「灌輸」自己群體數學能力較差的觀念，卻仍可能知道亞洲人數學能力的刻板印象，也可能已經略微感覺到自己數學能力不如亞洲人。經過幾層考慮後，我們認為無須對此顧慮太多。知道另一個群體在某方面的正面刻板印象，並不代表不屬於那個群體就比較差。而且，除非曾經接觸過為數不少的亞裔數學優等生，否則你不一定知道，也不一定會強烈相信這個刻板印象。

無論如何，為了保險起見，這次的研究我們仍只挑選數學能力極強的白人男學生：SAT數學平均成績七百一十二分（總分八百分）、數學能力的平均自我評定為「非常強」的史丹佛學生。看起來這群學生應該不會因為刻板印象而懷疑自己的數學能力。因此，假如他們受到亞洲人正面刻板印象的影響而表現不佳，我們便能相當確信地說，原因在於這種間接的刻板印象威脅所帶來的情境壓力。

而實際情形正是如此。結果十分驚人。我們讓白人男學生做十八道數學難題，並告訴其中一組人這種測驗「亞洲人的表現往往比白人好」，對另一組人則沒有多說什麼，結果平均下來，前者比後者整整少答對三題。

這句話所製造的刻板印象威脅讓數學系**白人男性超級優等生**的數學表現失常。看來並不需要特別的自我懷疑和易感。

約莫同一時間，另一支研究團隊在美國另一端的哈佛大學，更進一步證實了刻板印象威脅的情境本質，而且證據力驚人。施華維（Margaret Shih）、陶德．皮汀斯基

（Todd L. Pittinsky）和娜麗妮．安巴迪（Nalini Ambady）提出一個有趣的問題：如果某一群人在既定的表現領域中有兩個社會身分，尤其當其中一個身分在該領域具有正面刻板印象，另一個身分具有負面刻板印象，那麼刻板印象威脅會起什麼樣的作用？他們想到的例子是亞洲女性在數學領域的表現。這個群體的成員有兩個與數學相關的身分：性別身分在數學領域有負面的刻板印象，而族群身分在數學領域則有正面的刻板印象。

如果刻板印象威脅主要是一種情境壓力，只要對亞洲女性做不同提示，讓她們在情境中意識到自己的不同身分，包括族群身分或性別身分，便可能改變她們的數學表現。

施華維和同事找來波士頓地區的亞洲女大學生參與研究，過程只包含兩個部分，首先填寫一份簡單的背景問卷，然後進行二十分鐘的高難度數學測驗，共有十二道題目，出自加拿大數學競試考題，這是加拿大非常著名的高中生競試。至於問卷的問題則是在測驗前，用來向女學生提示她們與數學相關的其中一個身分。研究者的發現清楚明白。如果背景問卷提示的是性別身分，問題包括宿舍是否男女混合、為什麼比較喜歡男女混宿等等，女學生答題的正確率是百分之四十三；如果問卷沒有提示性別身分，問一些關於電話服務的問題，答題正確率是百分之四十九。兩相比較之下，再次顯示刻板印象威脅對於受性別提示的女性的表現有不利影響。但重要的是，當背景問卷提示的是族群身分，問題包括在家裡說哪種語言、家族移民美國已經是第幾代等等，這種表現欠佳的現象完全消失，答題正確率達到百分之五十四。只不過是在考十二道數學題目前做不同的身分提示，就讓她們的平均成績相差了兩分，如果是題目多得多的正規考試，這樣的影響力將會重創整體成績表現。

這個結果並不表示數學技能或對數學的內化脆弱性，即這些女性的內在特質，對她們的表現毫無影響。這些內在特質也很可能影響受試者的總體表現水準。只是她們清楚展現了一點，考試情境中哪一個身分比較突出，是不是讓她們感受到刻板印象威脅的那個，這點對她們的數學成績表現影響更大。這說明了一個重點，無論一個群體有什麼樣的技能或弱點，要想實質影響智能表現，只需要情境中出現不同的刻板印象威脅，也就是社會身分隨因狀況，便綽綽有餘。

這個研究結果為刻板印象威脅效應提供了一個補救的可能性，也就是向考生提示與相關刻板印象相反的身分。幾年前，我和當時還是研究生的克絲汀・史道梅爾（Kirsten Stoutemeyer）無意間發現了相關的證據。就在數學系女學生進行高難度數學考試前，我們提醒了她們是史丹佛的學生，結果大大降低刻板印象威脅對她們的表現的影響。後來我們得知麥肯泰（R. B. McIntyre）、鮑森（R. M. Paulson）和查爾斯・羅德（Charles Lord）在無意間有了相同發現。他們在測驗前向受試者提示正面的女性典範，大大降低了刻板印象威脅對女性數學表現的戕害。

科學和人生一樣，幾乎沒有什麼是確定的。但根據一一出現的結果，我們對這個簡單的結論很有信心：刻板印象威脅並不局限於特定群體，如果要具備某種易感性才能體驗到這種威脅，也只須熟悉相關的刻板印象，當然還要有想在該領域表現傑出的動力。誠如前面所言，我們知道在背負刻板印象的群體中，能力最強的學生受刻板印象威脅影響最大，因而讓我們有理由懷疑，自我懷疑恐怕不是一個人容易感受到刻板印象威脅的必要因素。情況越來越明白了。刻板印象威脅似乎是一種情境壓力，不需要內在易感性就能干擾智能表現。

為了證明事實如此，我們需要有刻板印象威脅效應廣泛存在的證據。假如這些效應不是源自內在的易感性，那麼應該能在各種群體中觀察到與各種刻板印象有關的威脅效應。這便是我們實驗室和其他社會心理學家接下來的任務。

人類經驗中的普遍現象：產生壓力的先決條件

尚—克洛德．柯瓦澤（Jean-Claude Croizet）是在美國進行博士後訓練的法國社會心理學家，中等身材，體格細瘦，反映出他跑馬拉松的嗜好。他好奇心強，很有想法，思緒縝密，是個細心的研究人員。他出身勞工家庭，而在社會分層中，法國的社會階級就跟美國的種族一樣重要。或許正是這樣的背景，才讓他注意到在他任教的法國大學，低階層的學生即使再怎麼努力，也會受到某種因素干擾，導致智能和語言成就低下。當他正在思考該如何研究自己看到的現象，剛好讀到約書亞和我做的研究，揭露了刻板印象威脅對非裔美國學生測驗成績的影響。

他自問的問題基本上是個關於普遍性的問題：在我們的實驗中，發生在非裔美國優等生身上的情況，可不可能就是發生在他班上那些低階層法國學生身上的情況？「刻板印象威脅」可不可能以針對低階層法國大學生的特殊形式，造成他們在校的語言和成績表現困境？刻板印象威脅是不是人類經驗中一種普遍現象？

柯瓦澤與合作夥伴泰瑞莎．克萊爾（Theresa Claire）對這種可能性做了第一次測試。他們在法國東南部的克萊蒙費朗大學（University of Clermont-Ferrand），依循我們在史丹佛大學針對美國黑人與白人做的實驗，對法國高階層與低階層大學生進行實驗。他們讓這兩組人一個一個進行極高難度的語言測驗（用的還是GRE類型的題目），並告訴一半受試者這項測驗是為了診斷語言能力——這個指令會對低階層學生造成刻板印象威脅，因為如此一來，測驗的挫敗就等於印證了法國社會對低階層民眾語言能力低下的刻板印象。他們又告訴另一半受試者這項測驗不是為了鑑定能力，那麼關於社會階級和語言能力的刻板印象便與他們的測驗表現無關。

結果和我及約書亞做的實驗完全一致。當被告知二十一題語言測驗不是為了鑑定語言能力，低階層法國學生的表現比高階層法國學生略佳，平均答對題數十一點四題對十點三題。可是當他們以為測驗是為了鑑定語言能力，關於低階層法國學生的刻板印象便與他們的測驗表現有了關聯，低階層法國學生答對的題數幾乎比高階層學生少了三題。這裡的刻板印象威脅來自於語言能力與社會階級的刻板印象，而不是認知能力與種族，或是數學能力與性別的刻板印象，也就是說刻板印象威脅能概推到另一個群體、另一個情境、另一個國家和文化。

再回到美國來。湯瑪斯．赫斯（Thomas Hess）和北卡羅萊納州立大學的同事做了一項刻板印象威脅通則化的測試，與我更加息息相關，因為實驗對象正是像我這樣的熟年男子。關於年齡與記憶的刻板印象當然是存在的。印證這種刻板印象的威脅會不會真的影響年長者的記憶呢？為了找出答案，他們在一項實驗中要求年長者（平均七十點八歲）與年輕人（平均十九點三歲）研讀一些資料，其中包括記憶測驗，就是讓受試者用兩分鐘時間記下三十個單字，然後盡可能默寫出來。為了讓部分受試者特別感受到年齡與記憶的刻板印象，以便讓該組的年長者承受印證刻板印象的威脅，研究人員先讓這群人閱讀一篇報紙文章，內容宣稱年齡確實有損記憶。相較於沒有讀類似文章，或是讀了宣稱年齡對記憶少有影響的文章的受試者，讀過誘發刻板印象文章的受試者在短期記憶測驗中的表現較差，只記得百分之四十四的單字，而未受刻板印象威脅的受試者則記得百分之五十八。事實上，在承受刻板印象威脅的群組中，受試者越意識到年齡刻板印象，表現越差。而且和眾多刻板印象威脅的實驗結果一樣，越是在乎記憶好壞的年長受試者，記得的單字越少。

刻板印象威脅效應的普遍性已逐漸明朗化，我最後再舉一個例證。請回想我在第一章提過的，史東和亞利桑那大學的同事所做的有趣研究，結果顯示刻板印象威脅影響了具有運動天分的普林斯頓學生的高爾夫球表現。

自從第一次發表論證至今將近十五年來，關於刻板印象威脅效應的研究已在世界各地蓬勃發展。研究者已經在女性、非裔美國人、白人男性、拉丁裔美國人、三年級美國女學生、亞裔美國學生、渴望成為臨床心理師（卻受到一般人認為男性無法理解感情的負面刻板印象威脅）的歐洲男性、法國大學生、德國小學女生、派駐義大利的美國軍人、商學院女學生、白人與黑人運動員、年長的美國人等等群體，觀察到這種威脅效應。研究也證明有許多表現會受影響，如數學、詞彙、分析能力、智商測驗、高爾夫推桿、反應時間、語言的使用、協商時的積極性、記憶、跳高高度等等。要體驗這種壓力並不需要特別易感。研究中只發現一個先決條件，就是當事人必須在乎自己的表現，只有這樣，當他們想到自己可能印證負面的刻板印象時，才會心煩意亂到足以干擾表現。

當我在演說中闡述這一點，聽眾經常會立刻提出幾個問題：這種威脅到底是怎麼對一個人產生干擾作用的？要怎麼做才能減少社會上與生活上這些不想要的刻板印象威脅效應？此外，或許是出於某種沮喪心態，他們還會問：親愛的教授，為什麼人不能一次下定決心去克服這個要命的刻板印象呢？寫到這裡，我耳邊響起了父母親針對這種效應的勉勵。接下來的章節中，我們會徹底探討前兩個問題。但現在，由於感受到那股沮喪，我要告訴各位關於我父母的看法，也是許多人共有的看法——**我聽到了，兒子，刻板印象威脅可能很糟，但你應該利用它來激勵自己。挺身而出，去證明這種刻板印象以及相信這種刻板印象的人是錯的。**

第六章　身分威脅與努力奮鬥的生活

單打獨鬥抗衡分工合作：越想努力越失敗

數學家菲利浦．烏利．崔斯曼（Philip Uri Treisman）創辦了創新的工作坊教授大學數學，學生都來自數學能力具有負面刻板印象的群體，首先是加州大學柏克萊分校的黑人學生，其次是德州大學奧斯汀分校的女學生。聽他談話讓人覺得他像許多數學家一樣，很早便學到了心理思維的樂趣。他努力研究有趣而深刻的觀念，研究其他觀念賴以發展的源頭觀念。

他創辦工作坊就是出於這種觀念，也讓他在事業生涯初期獲得麥克阿瑟「天才」獎

（MacArthur "genius" award）。這些工作坊主要是讓學生沉浸於具挑戰性難度的數學，以及分組學習，後者或許更重要，由於他的成功試驗，使得這項技巧傳播到全美各地。例如，他早期在柏克萊設立的工作坊的黑人學生，大一微積分課的成績比其他所有群體都來得好。在國內繼續升研究所攻讀數學的所有美國女性，有極大比例來自崔斯曼在德州大學的數學工作坊。

不過在此我想強調的是他的另一部分工作，那是他早期做的研究，基本上可說是人類學研究，他創立工作坊的想法便是由此而來。他之所以展開這項研究是因為在柏克萊教大一微積分時觀察到一個現象，和我後來造訪密西根大學觀察到的現象是一樣的。我看到以ＳＡＴ入學成績分組的白人與黑人學生的成績，黑人學生表現欠佳。而在他的大一微積分班上，入學時ＳＡＴ數學成績相當的學生當中，黑人學生的成績總是比白人和亞洲學生差。我始終覺得崔斯曼最了不起的洞察力之一，就是他能了解這種情況不見得正常。他的人類學研究於焉展開。

徵得學生同意後，他開始亦步亦趨地跟隨學生，觀察他們的課外生活，觀察他們讀書的方式、地點和同伴。他會和他們待在宿舍，會跟著他們上圖書館，大部分時間都和他們混在一起。

不久，群體的差異就出現了，黑人與亞洲人差異最大，白人居中。無論是正式或私下，亞洲學生都比黑人和白人學生更常集體溫習功課。這種方式對於學習微積分幫助極大，因為許多人一起做作業，如果有一個人解不出問題，能夠解答的另一人就能加以解釋。他們做作業時花在計算的時間較少（縮短了做作業的時間），便能花更多時間學習微積分的概念。他們能很快地發現並糾正錯誤的理解，即使是教學者的誤解也不例外。此外，亞洲學生的學業與社交生活界線很模糊，週六晚上上圖書館唸書也算是一種社交生活，朋友之間的情誼有一部分就是靠著一起唸書、一起解決數學問題培養起來的。

白人學生讀書的方式比較獨立，但會毫不遲疑地向其他學生和助教尋求幫助。他們會在課外討論微積分，甚至針對困難的問題互相參考筆記，但不會像亞洲學生那樣將社交生活的重心放在學業上。

崔斯曼發現，黑人學生與這兩者的風格大不相同。他們非常獨立，功課對他們而言是絕對的隱私。下課後，他們回到房間關上房門，埋頭苦讀好幾個小時，花的時間比白人和亞洲人都要多。他們當中有許多人是家裡第一個上大學的人，背負著家人的期望。

崔斯曼坐在宿舍床上，看著他的許多黑人學生用功，而他們在班上的表現大多可以從他看到的情景獲得解釋。他們沒有討論的對象，只能翻到課本最後面查看答案，來斷定自己是否了解某個問題的概念。他們花很多時間在這上面，以至於比較無法專注於微積分的概念，而是更專注於對照課本的答案，反覆檢查計算過程。這種計算方式削弱了他們對概念的理解力。儘管他們非常努力，在課堂測驗中的表現卻仍不如白人和亞洲人，而且他們知道自己讀書的時間沒有比較少，或甚至更多。由於這種懸浮在頭頂上的種族刻板印象，讓他們感到灰心喪志，懷疑自己是否屬於那裡。

因為有這種挫敗感，他們極少在課外談論學業，將學業與社交生活分得一清二楚。但正因如此，他們無從得知其他學生也會感到焦慮，會在課業上碰到問題，他們認為只有自己有這些問題，並認為這些問題反映出他們自己，又或是他們所屬群體的無能。同樣糟糕的是，他們因此不去尋求助教的幫助。考差了以後，他們會加倍用功，不過還是以同樣的隔離方式。但加倍努力的結果卻是相對更差的表現，最後他們氣餒了，認定自己不適合唸微積分，甚至不適合唸柏克萊。再者，在微積分這種入門課程中拿到較低分，會讓某些人生理想更難以實現，例如當醫生、牙醫或工程師。這些學生幾個月前剛懷著遠大抱負進柏克萊，才快要上完大一微積分，就已經開始壓縮目標。他們會放棄當醫生，改朝公共衛生人員的目標努力，因為這不需要微積分。

傑夫是崔斯曼面談的學生之一。他畢業於舊金山一所頂尖的教區附設高中，申請進柏克萊的SAT數學成績將近六百分，就算是全美的排名也是名列前茅，尤其對非裔美國學生而言。他非常積極進取，更有親友的支持當後盾。以下是崔斯曼對他大一的經歷的描述：

第一次見面時，傑夫幾乎難掩怒氣地向我告狀，說上微積分課時，有兩個白人學生坐在他旁邊，邊看《花花公子》雜誌邊偷喝藏在紙袋裡的啤酒。期中考以前，他將他們的行為比喻成褻瀆，並以福音傳道的熱情預言「正義必將彰顯」。幾個星期後，當他得知這兩名白人學生考試成績拿到A，而他拿到C，他簡直崩潰了。驚愕不已的傑夫去見助教，除了為自己成績不理想道歉，同時尋求協助。助教立即表示傑夫對大學生活沒有做好充分準備，建議他考慮轉到社區大學就讀。傑夫接受了助教的建議，在第一個學期末退學離開柏克萊，並在下一個學期註冊就讀舊金山市立學院。

數年後，當我們再度談起他的大學經歷，傑夫將喝啤酒的學生的成功形容為「只是第一個打擊」。最後一次打擊是在收到第一學期成績單的時候。他甚至沒有預料到哪些科目會不及格。例如，傑夫科目A（英語輔導課）的老師一直很鼓勵他，總是不吝於為他付出時間，他實在不明白這一科怎麼會被當。他覺得遭背叛，覺得自己好像走進迷宮，既無法分辨課程中的重要部分，也不知道假如再試一次，該怎麼做才能改善成績。除了學業問題之外，傑夫還對幾個辦公室的行政人員產生一連串的誤會。他覺得這些人不斷對他食言。最後他終於感覺自己不屬於這所大學。

當然，在其他院校，無論什麼群體身分的學生都發生過類似事情。大學生活初期抱負萎縮的現象比比皆是，很難看出群體模式。誠如我之前所說，崔斯曼過人的洞察力在於他注意到這個模式，進而探究其背後原因加以了解。他看到黑人學生為了在一個受到能力負面刻板印象影響的地方求取成功，獨自埋頭苦讀，而這樣的讀書策略卻往往導致他們的失敗和挫折。他們很努力，他們遵從了我父親的建議（也很可能是他們父親的建議），但卻是以單打獨鬥的方式，而班上其他人是將知識資源聚集起來，更快樂、更有效率地分工合作。

努力過度：對抗偏見的策略

我本身懷疑崔斯曼在黑人學生身上觀察到的「努力過度」，如果可以這麼說的話，可能是一種普遍現象，是廣泛存在的生活現實。幾年前我造訪普林斯頓大學，與好友卡洛・波特（Carol Porter）的一席談話更加深了我這層懷疑。

卡洛是社會心理學家，職業生涯大多致力於改善普林斯頓和史丹佛等名校的大學校園生活。我這次造訪便是應她與學院院長之邀，去商議該校少數族裔學生的在校生活。訪問即將結束時，卡洛不經意地向我提起她和其他同事在指導學生選修有機化學時見到的情形。這門課是全美所有醫學院的入門課程，成績不好的話，有可能失去進入醫學院的機會。但課程的難度也很高，因此普林斯頓的學生想出了一些取得學分的策略。有些人先去從頭到尾旁聽一次，第二次才正式選課拿成績。有些人則是在暑期到比較不那麼嚴格的學校選修這門課，再試著將學分轉回普林斯頓。當指導老師看見學生在這堂課遇到困難，可能建議他們採取這些策略，以免學生繼續修課拿到壞成績，影響他們進入醫學院的機會。

卡洛說白人和亞洲學生聽完建議，多半會欣然接受，將課程退修，並選擇一項替代策略。但讓卡洛驚訝的是，上課遇到困難的黑人學生聽到這個建議，多半會拒絕，堅持繼續上課，直到過了退選的最後期限，因此往往拿到有礙他們申請醫學院的低下成績。

當時我已經知道崔斯曼的研究。卡洛告訴我的事似乎是以另一種方式表達她所觀察到的現象。她口中的黑人學生繼續留下來上課，就好像為了證明懸浮在他們頭頂上的刻板印象是錯的，這是聽從了他們的和我的雙親的建議。無須面對這種「辯解」壓力的人，可能就會直接轉換更好的策略，但他們卻堅持走下去。在普林斯頓也會努力過度？

如今，「努力過度」已經出現在幾個與成就有關的不同情況中，足以暗示在某些情況下，可能因此導致學業表現不佳。至少我和大衛．諾斯鮑姆（David Nussbaum）調查這些事例時是這麼想的。大衛是新進的研究生，畢業於耶魯哲學系。套一句哲學用語，他很喜歡「解析」問題，仔細分析問題的意義和邏輯。我們面對的正是一個值得解析的有趣問題。崔斯曼的研究以及卡洛那群指導學生選修有機化學課的老師所觀察到的現象，都見證了學生有努力過度且獨立自足的症狀，這種症狀是刻板印象與身分威脅引起的嗎？或者這可能是非裔美國人經過社會化過程所形成的普遍特質？我好像又聽到父親在耳邊說，黑人要想成功就得比別人加倍努力。也許這個建議已經內化成一種行為準則，即使在沒有身分威脅的情況下，還是會促使人積極努力。

如我所說，大衛是個解析問題的高手，因此他想出一個簡單的實驗，目的有二。其一是觀察實驗室的實驗能否引發努力過度的症狀；其二，若能引發的話，測試上述兩種理解哪一種較為正確。

這次實驗重點在於重組字的解題，就是將一串打亂順序的字母重新組合成有意義的單字。重組字的解答可能很簡單，例如將「ebd」重組成「bed」輕而易舉，但也可能很困難，例如將「ferhziidsaenncd」重組成「disenfranchised」（被褫奪公權的）。在實驗的第一部分，我們讓史丹佛的黑人與白人學生解答二十個非常困難的重組字。我們希望這項任務困難到足以令人受挫，足以讓他們知道自己沒有做好，大概就像微積分課或有機化學課那樣。第二部分的解題任務包括了重組字和類推的問題。我們要求學生在第二項任務中盡可能解答重組字問題，藉此評估受試者對於第一項任務中遭遇困難的那類重組字，繼續解答的意願有多高——類似評估那些在有機化學課遭遇困難的學生，冒著失敗的危險繼續上課的意願有多高。我們得到的答案直接明瞭：他們興趣缺缺。當受試者認為解答重組字只是一項實驗任務，黑人與白人都不願再多做，頂多答個四、五題意思意思。當它只是實驗任務，任何受試者都不會過度努力。他們可以直接停止解答困難的重組字，就如同白人和亞洲學生能夠直接退選並重修讓他們表現欠佳的有機化學。

然而，另一組受試者的實驗過程雖然完全相同，事先卻被告知重組字任務是為了評量認知能力。對這組的黑人學生而言，這個標籤使得關於黑人認知能力的刻板印象與重組字任務產生了關聯。如此一來，若是任務失敗，就可能印證有關他們群體的能力的刻板印象，因此與同組白人不同的是，他們如今面臨了刻板印象威脅。

現在若是請他們在第二項任務中多解答一些重組字，他們會有何反應？會不會做得更少，以逃避刻板印象威脅？或者因為認同自己的認知能力，他們會依照我父親的建議，做更多題目來證明刻板印象是錯誤的？答案再次直截了當。他們的做法就和崔斯曼在柏克萊宿舍觀察的黑人學生一樣，也和卡洛所描述選修有機化學的普林斯頓學生一樣。他們持續不斷地答題，差別驚人。這組的白人受試者由於未受到刻板印象威脅，和另一組未受到刻板印象威脅的受試者一樣，同意禮貌性地多解答四題重組字。然而，這組的黑人學生卻願意額外解答八題之多，整整多了一倍——努力過度到達極點。

於是兩個問題都有了答案。在實驗室裡能夠誘發黑人學生在學業方面努力過度的情形，而且輕而易舉。這是實際的現象。其次，這現象似乎起因於刻板印象威脅的身分認同壓力。當受試者將重組字視為單純的重組字，視為與認知能力無關的字謎，威脅不存在，就沒有這種現象。黑人學生並不單純是學習動力超級強的學生，倘若沒有受到刻板印象威脅，他們也和其他人一樣，不會更努力嘗試。但如果有刻板印象要駁斥，他們會比其他每個人多一倍努力——正好與我父親的經典名言「加倍」努力不謀而合。

假如這些黑人學生有學業上的問題，似乎不會是因為遭遇挫折而意圖放棄。他們面對壓力反而會極度努力，一如我所描述在有機化學課和微積分課面臨同樣情形的學生。他們不需要家長鞭策，只要涉及關於自己群體能力的刻板印象，就會自動更加努力。

扼殺幽靈：動力是助力還是阻力？

那麼，這種額外的動力必然會對表現和成就造成問題嗎？有可能數百萬的家長全都錯了嗎？在非裔美國人社群中，傑基・羅賓森（Jackie Robinson，美國職棒大聯盟史上第一位非裔美國球員）的故事是個傳奇。五十多年來，《黑檀》雜誌（*Ebony*）每個月都會有一頁報導介紹打破某種種族隔閡的人。利用動力克服阻礙和刻板印象，來為自己的成就加油，這是美國黑人人生的核心宗旨，對其他與負面刻板印象奮戰的群體如女性而言也是如此。這股動力一遇到表現和成就，就注定要失敗嗎？

刻板印象威脅的研究大多著重於一個人技能最高端的困難工作，譬如高難度的數學測驗、挑戰性越來越高的智商測驗、挑戰能力極限的詞彙測驗、嚴苛的大學課程等等。在這些任務中的挫折使得與個人相關的刻板印象，成為挫折的可能原因。因為擔心自己會印證負面的刻板印象，而產生令人分心的情緒和念頭，表現就變差，而印證刻板印象的風險又會隨之變大，形成惡性循環。想要反駁刻板印象的額外動力，似乎就是這樣干擾了一個人技能最高端的表現，就像有機化學課的例子。（下一章會更詳細檢視。）

但假如在所屬群體具負面刻板印象的領域中，你輕輕鬆鬆就能有好的表現呢？也就是說，當你的技能足以輕鬆勝任這項任務，不會有太多挫折感，那會是什麼情形？類似的表現基本上就是駁斥了那個刻板印象，既然是駁斥，做起來又輕鬆，可能讓你特別有動力展現良好表現。在這種情境下，證明刻板印象錯誤的動力便可能產生更好的表現。

堪薩斯大學兩位社會心理學家蘿莉・歐布萊恩（Laurie O'Brien）和克里斯欽・柯蘭道（Christian Crandall），自行決定要驗證這個觀念，並想出一個直接的實驗。他們從堪薩斯大學抽樣選出一群男女學生，讓他們做兩個數學測驗，一個困難一個簡單。簡單的測驗要求學生在十分鐘內，盡可能解答三位數乘法問題。困難的測驗則是要他們在同樣時間內，做十五題選自SAT數學題庫的代數問題。其中有一組受試者在刻板印象威脅下進行測驗，研究者告訴他們從這些測驗以前得到的結果可以看出男女的成績差異。另一組受試者則未受到刻板印象威脅，研究者告訴他們這些測驗並未顯示出性別差異。實驗結果證實了兩人的推論。在困難的測驗部分，受到刻板印象威脅的女性表現不如未受刻板印象威脅的女性，也不如任何一組男性。但在較簡單的測驗部分，情況翻轉了。**受到刻板印象威脅的女性表現比未受刻板印象威脅的女性好，也比任何一組男性好。**

就技能的最高端而言，刻板印象威脅和證明刻板印象錯誤的動機，可能會透過前面所描述的那串干擾反應而損害表現。但若從最高端往後退一大段，任務較為輕鬆，挫折感不那麼強烈，試圖反駁刻板印象的動力反而能讓表現突飛猛進，超越其他所有群體。

家長們應該特別注意這一點。或許正是看到這種情形，我父親和其他數百萬名家長才會深信能夠以打敗刻板印象做為成功的動力。這不是不可能。歐布萊恩和柯蘭道的實驗顯示，當工作在可掌控的範圍內，加上想證明刻板印象錯誤的這個額外動力，有可能讓表現比原來更好。

這個「證明」刻板印象「錯誤」的動力，在真實生活中是什麼樣子？它會讓人變成超級成功者和工作狂嗎？我的實驗室有一位頗具創意的研究生薇樂莉．瓊斯（Valerie Jones），特別喜歡在現實情境中進行研究。我和她做了一個簡單的研究調查，來闡明這個問題。我們的觀點是：相較於女性人數稍多的職場環境，在女性人數極少的職場環境中，女性可能會更努力想要駁斥刻板印象來證明自己，因而承受較大壓力。在矽谷舉辦的一場與從事科技業女性相關的地方座談會中，薇樂莉對與會的四十一名女性進行調查，問題包括她們職場的女性工作者人數、她們為了證明自己而必須更努力工作的壓力有多大。結果給了我們極大提示。相較於女性人數較多的環境，在女性較少的環境中工作的女性，明顯承受到更大壓力，需要藉由工作來證明自己，而這份壓力也反映在更多行為中，諸如上班早到晚退、較少參加工作以外的活動。所以證據顯示在現實生活中也一樣，女性受到刻板印象壓力的驅策想要證明自己，有可能將這種壓力當成有益的動力，否則至少是更努力工作的動力。

但這種動力確實真正有益嗎？綜觀所有的研究結果後，答案可能是不見得。問題在於想要證明刻板印象錯誤的這股壓力，會改變你在一個情境中**要做**的事，給你額外的任務。在求學情境中，除了學習新的技能、知識和思考方式之外，或是在職場，例如高科技公司的女性員工，除了努力求表現，還要努力扼殺這個空間裡的一個幽靈，也就是負面刻板印象和這個刻板印象對你及所屬群體的主張。你背負多重任務，由於賭注很大，關係到你在重要領域的成敗存亡，這多重的任務自然帶來莫大壓力，讓你無法專心。

這會引起幾個重大後果。第一，它所造成的壓力和分心（下一章有更多相關細節）可能直接影響表現，如果你正在做挑戰自己技能和知識極限的事——為了學習和發展，這也正是你需要做的事——影響會更顯著。其次，從傑夫的故事和崔斯曼的觀察可以看出，多重任務可能導致極度沒有效率的策略和僵化行為。你不只是在學習或表現，同時在駁斥刻板印象，因此你無法單純地退選有機化學，等下個學期再重修。這麼做會讓你覺得自己在印證刻板印象，使得它成為你自己和你所屬群體的代表特質。你只能勉強撐著，即使要犧牲你最愛的志業也在所不惜。

若是發覺這股壓力很可能變成環境中的常態，你恐怕很難待在那個環境裡，很難繼續保有在那個環境中功成名就的動力。證明刻板印象錯誤是一項永無止境的工作，只要你待在這個刻板印象適用的領域裡，就得一而再、再而三地證明下去。傑夫對柏克萊似乎就有這種感覺，在那裡他好像找不到一個歸屬感。男大生放棄數學相關主修，通常是因為成績不好，但女大生放棄數學相關主修，通常與成績無關。以女大生的情況來說，罪魁禍首不是她們的數學相關技能，反而比較可能是考慮到將來有大半輩子，或許要生活在一個必須不斷證明自己的領域裡，因此要承受長期的壓力。

這麼說並不是反對努力工作，也不是反對選擇有壓力的人生道路。沒有付出心血就不會有發展，沒有壓力很難獲得偉大成就或突破。有許多人挺身對抗這些壓力，堪為所有人的榜樣（下一章我們會看到幾個例子）。其實這裡要強調的重點是，若想讓這些活動場域更平坦，應該清除哪些障礙物？感受到刻板印象威脅的人已經十分努力，他們很在乎自己的表現，也很有動力，阻礙他們的是扼殺幽靈這項額外工作。

在此有一個症狀，恐怕是我父親、我和其他許多家長都不樂見的。在特別限定的情況下，想要證明刻板印象錯誤的動力有可能產生建設性的影響。可是就在你最需要有所表現、最需要能輕鬆運作的時候，也就是當你在學校和職場的成長發展過程中，挑戰自己技能和知識極限的時候，這種動力卻往往會引起反效果。而諷刺的是，它可能導致的群體表現不佳正是無數家長希望引導孩子避免的現象。

第九章將會探討這個問題的解決之道，探討個人和團體機構能做些什麼，來降低這個壓力並減少該壓力導致的表現欠佳現象。但在這一章結束前，我一定要指出重要的一點：崔斯曼為傑夫的問題找到了效果奇佳的解決辦法，因此不僅強化了以上的分析論述，更顯示由此分析所得的解決方法可能有效且可行。

他構思的一個計畫，說白一點，就是在學習微積分方面，試著讓黑人學生效法亞洲學生的方式，特別是集體讀書，在課外花大量時間（每星期至少六小時）與其他同學談論微積分等等課題。他預期他們應該也能得到他在亞洲學生身上觀察到的好處：多人一起研究問題，就不必花那麼多時間對照計算過程，可以多挪出時間學習重要概念；可以更正確評估自己理解和熟練的程度；可以更有自信地與教職員交流等等。果然奏效。他們的成績提升；如今崔斯曼工作坊的黑人學生大一微積分成績，比柏克萊一般微積分課堂中不管白人或亞洲學生都要好。要是崔斯曼及時想出這些理論來幫助傑夫就好了。

崔斯曼工作坊教導的集體學習技巧，直接讓微積分的學習更加容易。但這些技巧糾正了什麼問題呢？根據他的人類學研究結果顯示，這些技巧糾正了黑人學生出於保護心態自我隔離，且過度獨立自足的傾向，原有的這些策略或許能幫他們避開有可能對他們抱持刻板印象的人，但同時隔絕了他們所需的協助。這些學生不是缺乏長輩的建議，反而是因為遵循長輩對於不專心的忠告才造成問題。崔斯曼解決的重點不在於讓他們重視功課，而是讓他們能更有效地重視功課。

近幾年，一些傑出的科學家開始探究，這種身分的困境究竟對人有何影響？而這些影響究竟又是如何造成表現和毅力的問題？這正是我們這項研究的緣起。我相信在明白這些影響後，終究能了解這個困境的力量，也能了解為什麼舉例來說我父親的教誨或許有其必要，卻並不適當。

第七章　關於刻板印象威脅的想法：心思紊亂和沉重負荷

我們真的了解自己的情感嗎？：混淆與誤解

幾年前，社會心理學家唐納・達頓（Donald Dutton）和亞瑟・艾隆（Arthur Aron）要求一群男大學生，一一獨自走過加拿大英屬哥倫比亞省溫哥華近郊的卡皮拉諾吊橋（Capilano Bridge）。這是橫跨在卡皮拉諾河上方，十分狹窄、搖晃不穩的空橋，兩側有繩索扶手，共長一百三十七公尺，距離河面七十公尺高。每個男學生到達吊橋另一端後，會有一位迷人的年輕女性請他填寫問卷，並留下自己的電話號碼，請他若是對她表面上在做的研究有任何問題都可以打電話問她。

讓達頓和艾隆感興趣的是一個關於人性的基本問題：我們能直接了解自己的情感嗎？或者我們與情感脫節得太嚴重，有時候要不是沒有意識到就是會搞混，把某種情感誤認為另一種情感？

這個關於人性的大哉問在他們的實驗中濃縮成一個具體問題：這些男學生會不會將通過吊橋後尚存的焦慮感，誤認為是受到另一端橋頭的年輕女性訪調員所吸引？如果我們不一定能直接了解自己的情感，如果有時候會將某種情感誤認為另一種情感，那麼這些男學生就會把自己剛剛走過可怕吊橋、尚未完全消散的焦慮感，誤以為是受到此時站在眼前的年輕女子所吸引的感覺。達頓和艾隆以當天晚上打電話給女子詢問「更多訊息」的男生人數，來衡量他們受吸引的程度。

參與實驗的還有另外兩組人。其中一組男學生在走過吊橋後，遇見的是男性訪調員。這一組測試的是通過吊橋後尚存的焦慮感，即使不（太可能）會提升訪調員的吸引力，可不可能還是會讓更多人打電話。最後一組男生遇到了迷人的女性訪調員，但沒有通過卡皮拉諾吊橋，而是走過一座又低又堅固、不會讓人心生焦慮的橋。這一組測試的是單憑個人魅力，是否足以讓訪調員當晚接到更多電話。

結果如何呢？通過吊橋後遇見女性訪調員的男學生打電話的人數，遠比另外兩組來得多。通過這座橋會引起焦慮，而且焦慮會持續一陣子。這些男學生沒有直接意識到這股焦慮，然後見到一位迷人的年輕女子，便沒有把自己的感覺解釋為焦慮，而是解釋為受到強烈吸引。

另外兩組男生似乎就不會混淆了。當訪調員是男性，他們沒有將尚存的焦慮感誤認為受到吸引，因為在那個情境中根本沒有任何暗示，能讓他們覺得自己像是受到吸引的感覺。至於通過不可怕的橋梁的男生，則是根本沒有殘存的焦慮感來刺激他們對訪調員產生特別的感覺。這兩組男生幾乎沒有人打電話。

由此可見，我們理解自己情感的能力並不完善。情感非常強烈的時候，會比較容易直接理解。可是當情感不那麼強烈，譬如通過卡皮拉諾吊橋後殘存的焦慮感，就比較無法直接體會。若想了解並詮釋較不強烈的情感，只能多仰賴周遭環境的情況。在達頓和艾隆的實驗中，剛走過卡皮拉諾吊橋的男生面對迷人的訪調員，感覺到一股強烈的吸引力，其實是因為通過一座可怕的橋後心裡殘存的焦慮感，刺激產生了這股吸引力。

刻板印象威脅對情緒的影響：焦慮

史蒂芬、約書亞和我轉而研究身分威脅**如何**產生影響時，已經知道這一點，也幸好如此，因為我們迎面撞上的問題就是人類機能運作的這個缺陷：人類對於自己的感覺和這些感覺的起因了解有限。我們始終認為身分威脅使人焦慮，並認為直接影響表現的就是這份焦慮。我們以為，威脅損害表現的同時，焦慮就是幫凶。看似顯而易見。

但是在最初幾次的實驗中，當史蒂芬和我問那些承受著刻板印象威脅進行高難度數學測驗的女性的焦慮程度，根據回答，她們並不比沒有受到刻板印象威脅（也就是被告知測驗不會顯示性別差異）的考生更焦慮。女性在刻板印象威脅下表現變差，這項研究便是因為這個發現而展開的，但她們自己並不覺得比較焦慮。這點讓我們感到困惑。

後來，約書亞和我得到更令人困惑的結果。當資料顯示刻板印象威脅對黑人學生的詞彙測驗表現產生了影響，我們把腳翹到桌上納悶著，是不是威脅讓他們覺得焦慮，因此才會表現欠佳？約書亞開始與受試者面談，但一無所獲，根據受試者的回答，承受刻板印象威脅的人並未比沒有承受刻板印象威脅的人更焦慮。受到刻板印象威脅的受試者顯得平靜而堅決。他們說測驗很難，但他們決定要盡力考好。他們相信只要努力就能過關。儘管從試卷看得出來他們考得一點也不好，他們還是這麼說。

所以，我們事先知道人表達自己內心狀態例如焦慮的能力多麼有限，這是對我們有幫助的好事。助益之一，即使沒有證據顯示受試者對刻板印象威脅有焦慮反應，我們也不會輕易下定論；助益之二，讓我們更認真看待一些反證。還記得嗎？在填字實驗中，承受刻板印象威脅的人會寫出更多與刻板印象相關的單字。這就表示他們感到焦慮，擔心自己會印證或是被認為印證了刻板印象。承受刻板印象威脅的黑人學生還做了其他事情，暗示他們對於外人是否以刻板印象看待他們感到焦慮。例如他們表示比較不喜歡與黑人有關的事物，如爵士、嘻哈、籃球，比較喜歡與白人有關的事物，如古典音樂、網球、游泳；他們會事先為自己的表現找藉口，像是說自己前一晚睡得太少。諸如此類的傾向都在暗示他們感到焦慮，但這些受試者不會直接說自己焦慮，或許是他們不願承認，也或許他們不知道自己焦慮，就像走過吊橋後遇見迷人訪調員的那些男生。

想了解焦慮對於刻板印象威脅有多關鍵，需要以更好的方法來評量焦慮，不能以人們對自己的了解為依據。

刻板印象威脅對生理的影響：血壓升高

史蒂芬、黛安．昆恩（Dianne Quinn）和我三人，在加州大學聖塔芭芭拉分校的詹姆斯．布拉斯科維奇（James Blascovich）領導下，做了一個實驗，直接測量壓力與焦慮的一項生理要素：平均動脈壓。這項實驗和其他刻板印象威脅實驗差不多，只有幾個差別。當黑人與白人大學生抵達實驗室，會先讓他們接上心血管記錄儀器，表面上像是要測量他們對腦力作業的生理反應。五分鐘後，量完了基準血壓，他們開始一項詞彙作業，類似所謂的遠距聯想測驗（Remote Association Task），每一題會給三個提示字詞，受試者必須根據這三個字詞的關係想出第四個字詞，譬如「老鼠」、「尖銳」和「藍色」的相關字詞是「乾酪」。據他們理解，這是一項智力測驗。

我們沒有對刻板印象威脅組的受試者多說什麼。別忘了，只要讓黑人學生以為這是智力測驗，他們就已經處於可能印證有關自己智能的刻板印象的風險中。

無刻板印象威脅組被告知這是一項「種族平等」的測驗，在此特定測驗中，黑人的表現總是和白人一樣好，而且這項測驗是由黑人大學一個種族隔離研究團隊研發的。這些聲明使得有關黑人能力的刻板印象，不可能被用來解釋黑人在這項測驗中的表現。

結果非常驚人。被告知測驗是「種族平等測驗」（未受刻板印象威脅）的白人與黑人受試者，從戴上血壓計袖套到測驗進行一半的這段時間，血壓確實下降了。被告知這是智力測驗的白人有同樣的情況，但同一組黑人測驗期間的平均動脈壓卻大幅升高。承受刻板印象威脅的人或許無法說出自己焦慮，甚至無法說出自己的感覺是焦慮或愛，卻不表示他們不焦慮。從他們的生理反應可以清楚看出他們是焦慮的。

很快地，我們對刻板印象威脅的生理影響又了解了更多。與布拉斯科維奇共事多年的溫蒂．曼德斯（Wendy Mendes），和另一個研究團隊以實驗測試：當白人與黑人互動時感受到刻板印象威脅，血壓是否也會升高？這個實驗非常簡單，只是讓戴上血壓計袖套的白人大學生與一個陌生人談話，而陌生人可能是白人也可能是黑人。相較於和白人陌生人談話，與黑人陌生人談話更容易讓白人受試者被冠上刻板印象，也許會被認為對種族無感。如果這個刻板印象威脅導致焦慮，這些受試者的血壓應該會升高。結果的確高出許多。

情況漸漸明朗了。儘管一般人似乎無法非常清楚地意識到，但刻板印象威脅之類的身分威脅已足以導致焦慮，一如血壓測量的結果所顯示。不過你可能會問，有多焦慮呢？身分威脅所造成的焦慮，是否強烈到足以影響機能運作，比方說影響一個人執行工作的能力？

假設讓一個人承受某種刻板印象威脅，譬如讓一群認同數學領域的女性進行高難度數學測驗，再要求她們做一件簡單的事，如重複寫自己的名字，以及一件困難的事，如重複倒著寫自己的名字。這個刻板印象威脅所造成的焦慮和生理激發（arousal），是否足以真正影響她們執行這些工作的表現？

這個實驗很有趣，因為手寫作業與數學的刻板印象無關，做得不好不會印證有關女性數學能力的刻板印象。對於印證刻板印象的擔憂不會影響她們在這些作業上的表現。唯一可能起影響作用的，就是當這些女性在等待高難度數學測驗時，身分威脅所造成的焦慮感。如果單憑那份焦慮就能影響表現，那麼這些女性的手寫作業應該不會做得很好，尤其是倒寫姓名這個困難的部分。

阿維．班奇夫（Avi Ben-Zeev）和他在舊金山州立大學的學生設計了一個一模一樣的實驗，而這便是他們提出的問題，結果他們得到了清楚的答案。認同數學領域的女性在等待高難度數學測驗時所感受到的焦慮，即使再輕微，比起通過卡皮拉諾吊橋或實際進行利害關係重大的SAT數學測驗所引起的生理激發，這根本不算什麼，仍足以影響她們倒寫姓名的表現好壞。身分威脅時時刻刻都存在。這個典型的實驗室實驗，基於道德，可以將這份威脅控制在輕微的程度，例如對比女性在等候真正的GRE測驗，等候實驗的數學測驗所感受到的威脅堪稱輕微。但即使做了這樣的控制，還是會造成相當程度的心血管壓力，讓她們連普通難度的事情也會出錯。

因此我們現在可以說刻板印象威脅的影響，它讓女性的數學測驗表現、法國低階層學生的語言考試表現、白人男性打迷你高爾夫球的表現變差的影響，有一部分的直接原因在於這個威脅能造成心跳加快、血壓升高和焦慮的相關生理跡象，導致這些反應干擾了表現。我們也可以說這種情形發生時，當事人並未清楚地意識到，因此被問及時，不會說自己焦慮。我們似乎沒有察覺自己在付出這樣的代價。不過這是身分威脅影響表現的唯一途徑嗎？它會不會也直接影響到我們的思緒？

刻板印象威脅對思緒的影響：認知負荷

接下來你會發現，答案是肯定的。這個威脅會讓我們擔心自己印證刻板印象（「別人會不會認為我能力不足以應付？」）、擔心做某件事的後果（「如果別人認為我有種族歧視會有什麼反應？」）、擔心該怎麼做才能克服刻板印象（「我會不會有機會向這些人證明我是好人？」）等等。它會讓我們再三思索，占用我們的心智容量，讓我們無法專注於手邊的工作，無論是在考標準化測驗或是在與不同種族的人交談。所以，身分威脅除了引起生理上的反應之外，還會影響我們的思緒，進而損害表現和其他行為。

至少，我在第五章介紹的法國社會心理學家柯瓦澤和其同事是這麼想的。他們找到一個極具巧思的方式來驗證這個想法，依據的原理是一般所知不多卻又單純得驚人的人類生理機能，也就是身心之間的直接關聯：當你越專注於心智活動，或者以心理學的說法就是當你的「認知負荷」（cognitive load）越大，心律就越穩定。這個現象反映出心智活動的新陳代謝需求，也就是心跳快慢的變化是用腦程度的一項指標，認知負荷越大，心律就越穩定；負荷越小，心律變化越大。

柯瓦澤團隊牢記這個事實，藉由必要的生理記錄儀器設備來測試一個簡單的想法：如果刻板印象威脅迫使人一再反芻這個威脅和其後果，而不得不承受更大的認知負荷，那麼受到刻板印象威脅的人應該會比未受威脅的人心律更穩定。

柯瓦澤團隊在他任教的法國大學，利用我們心理學家特別不喜歡的一個刻板印象進行研究，那就是主修科學的人比主修心理學的人聰明。我們雖然厭恨，但這個印象就是存在。該團隊讓主修科學與心理學的學生進行瑞文矩陣推理智商測驗（Raven's Progressive Matrices IQ Test），結果得到一個刻板印象威脅的標準模式。當受試者被告知這是智商測驗，主修心理學的人很可能印證有關他們群體智商的負面刻板印象，因而得分低於主修科學的人；可是當被告知這基本上只是個解謎測驗，無關智商鑑定，他們的壓力隨之解除，得分就和主修科學的人不相上下了。

當然，柯瓦澤和同事感興趣的是另一件事。他們在全程的智商測驗中，為所有受試者測量心律，發現凡是以為這是智商測驗的人，心律都比較穩定。在這個智商測驗中，無論是受到刻板印象威脅的心理學主修學生，或是未受刻板印象威脅的科學主修學生，似乎都承受著可觀的認知負荷。這兩組的區別在於另外一點：心律與表現之間的關係。

（較不受刻板印象威脅的）科學主修學生思考得越認真，可以從較穩定的心律看出這點，表現就會越好；但（可能面臨印證刻板印象風險的）心理學主修學生思考得越認真，心律越穩定，表現就越差。對於承受極小刻板印象壓力的科學主修學生而言，認真思考反映出積極應考的態度；而對於可能面臨印證刻板印象風險的心理學主修學生，認真思考則反映出足以讓表現變差的反芻思考。

當我們有可能印證一個自己不喜歡卻又很在乎的刻板印象，心思會翻騰紊亂。這些心思很可能同時在做很多事情：與刻板印象爭辯、否認這種刻板印象適用於自己、為自己感到難過、試著讓自己振作起來去證明刻板印象是錯的。我們在捍衛自己，在對付刻板印象帶來的威脅。我們或許會稍微意識到自己在捍衛、在對付，但大多數時候，除非非常努力傾聽，否則可能不會留意。柯瓦澤團隊的研究結果大大暗示了：當內心試圖打敗刻板印象，就幾乎沒有多餘的心智容量可以去應付其他事情。

亞利桑那大學兩位心理學家東妮・施瑪德（Toni Schmader）和她當時的研究所學生麥可・詹斯（Michael Johns），針對心思紊亂究竟影響到哪些心智容量，研發出一套精細的模式。紊亂的心思主要損害的是工作記憶，也就是「用來保存與操控資訊，做為即時或短時內使用的記憶」（頁四四），諸如應考、交談或討論，或是獨自在宿舍做非裔美國人政治學課的作業。

施瑪德和詹斯列出了幾個句子，並在句子之間插入不相干的字詞，然後要求對數學感興趣的女大學生數一數句子裡有多少母音字母。他們發現等候進行高難度數學測驗並承受刻板印象威脅的女生，可以數清句子裡的母音字母沒問題，卻記不住句子之間的字詞，至少不像那些等候進行普通解題測驗、未受刻板印象威脅的女生記得那麼清楚。這是紊亂的心思所致，它破壞了受到刻板印象威脅的女生的能力，使她們無法記住句子間多出來的字詞，換句話說，就是破壞了她們的工作記憶容量。同樣重要的是，施瑪德和詹斯還證明了，刻板印象威脅對這個容量的破壞越大，就像她們記住的無意義字詞越少，接下來的數學測驗表現就越差。刻板印象威脅對工作記憶的損害，直接損害了數學測驗的表現。

施瑪德和詹斯提出了一套紊亂心思的模式。首先，可能印證刻板印象的威脅感讓我們對一切與該威脅有關的事物提高警覺，也讓我們格外留意有無機會避免該威脅。其次，它會引發自我懷疑，然後讓我們反芻思索這些懷疑確立的可能性有多大。接著，憂慮導致我們不斷地監測自己做得好不好（這有可能造成運動員「栽跟斗」）。最後，會迫使我們壓抑威脅性的思緒，例如擔心自己做不好或是擔心印證了刻板印象之後的不良後果。有過這種經驗嗎？有的話，就該知道這有多耗費心力，而在這整個過程中，很難有多餘的心思顧及其他事情了。

安・克蘭朵（Anne Krendl）、珍妮佛・李察森（Jennifer Richeson）、威廉・凱利（William Kelley）和陶德・海瑟頓（Todd Heatherton）利用磁振造影技術檢視刻板印象威脅對大腦活動的影響，這項研究又進一步證實了上述觀點。他們請來二十八名女性數學資優生，躺在腦部功能性磁振造影掃描儀中，解答五十題高難度數學問題。掃描儀可以藉由偵測腦部區塊的血流，測量女學生解題時各個大腦區塊的心智活動程度。開始解題前，研究者提醒一半女生「這項研究曾經證明男女生在數學能力和表現上的差異」，因此她們在測驗時承受了刻板印象威脅；而另一半女生並未接收到有關數學領域的性別刻板印象的提示，因此測驗時沒有感受到刻板印象威脅，又或是感受相對少得多。

刻板印象威脅會觸發哪些神經構造呢？他們發現了一個清楚的模式：「雖然〔未受到刻板印象威脅的〕女性借助了〔根據先前研究〕與學習數學相關的神經網路（例如角

腦回、左頂葉和前額葉皮質），〔受到刻板印象威脅的〕女性卻沒有借助這些區塊，反而是〔根據先前研究〕與處理社會及情感問題相關的神經區塊（前扣帶迴皮質）顯得高度活躍。」（頁一六八）刻板印象威脅壓制了我們用來處理數學的大腦部位的活動，而受到活化的大腦部位則是與我們對社會環境和情感的警覺性有關。我要再次引述作者的話：「刻板印象威脅可能將女性的注意力轉移到萬一印證了關於她們群體的負面刻板印象，將會在社會面和情感面造成哪些負面後果，也因此提高了她們對於表現方面的焦慮。」（頁一七三）還有其他研究團隊得出類似結果，這個領域的研究正快速擴展我們對於刻板印象威脅影響神經構造的理解。

多虧了生理學研究、認知負荷研究、施瑪德和詹斯的觀點以及大腦的研究，關於刻板印象威脅如何影響我們，直到現在才漸漸出現一個強力有效的共識。那就是：刻板印象和身分威脅（這些身分的隨因狀況）會讓我們對社會環境中可能產生的威脅與不良後果提高警覺，以至於無法將注意力和心智能量放在手邊的工作上，導致表現和一般機能運作變差，而這一切又會導致焦慮感惡化，進而使我們對威脅的警覺性和分心的狀況更加嚴重。惡性循環就這樣全面展開，讓我們在表現上和一般機能運作上付出極大代價。

這種情形發生在選修非裔美國人政治學的泰德身上，發生在所有刻板印象威脅實驗中、所有承受刻板印象威脅的受試者身上。凡是能力方面受刻板印象影響的人，在現實生活的測驗中、找老師談話時，或是在教室、實驗室和職場等等可能讓他們印證自己討厭的刻板印象的地方，也經常發生這種情形。他們會心思紊亂、血壓升高、開始冒汗、加倍努力，他們會試著在心裡駁斥這個刻板印象，無法駁斥的就試著壓抑，讓人對威脅提高警覺的大腦活動更加活躍，卻也抑制了與表現和機能運作相關的重要大腦活動。一旦遇到困難的工作，往往表現欠佳。他們越在乎，就會越沮喪，表現的重要性越高，這些情形發生的機率越高。如果這個威脅持續存在他們生活中某個情境，例如在職場、在大學主修科系、在人際關係中、在學校持續發生的經驗，那麼這些反應也可能變成他們長期持續存在的身分隨因狀況。

而在此期間，這些人恐怕弄不清楚自己到底是怎麼回事，就像通過卡皮拉諾吊橋的男性一樣，不明白自己為何深受女訪調員吸引。

好了，現在已經有一系列清楚確鑿的事實。我們知道刻板印象威脅能對人產生實質影響，會導致心思紊亂，產生所有相對應的生理和行為影響。我們知道這一切發生時，一般人不太會意識到，否則至少是不願承認。我們還知道這些威脅和影響是身分認同的威脅和影響，會在特定情境中伴隨著特定社會身分發生：修進階數學的女生、百米賽跑中跑到最後十米的白人男性、在班上名列前茅的黑人等等。

這些影響很重要，但一直以來主要都是以單一的實驗進行研究。因此我很好奇，當這些威脅變成長期存在，當它成為某個生活領域中持續存在的經驗，會是什麼情形？人待在教室、職場、主修科系、運動場所等等地方，不會只有一次，而會是長時間，幾個月、幾年，有時甚至數十年。那麼會發生什麼情形呢？

事實顯示的答案令人憂心：如果長期受到刻板印象或其他身分隨因狀況的威脅，可能讓人付出代價。這個持續存在的額外壓力可能會破壞他們的快樂幸福感，而他們長時間暴露於威脅中所產生的生理影響，也可能造成健康問題。而且在此期間，他們可能和卡皮拉諾吊橋研究中的參與者一樣，幾乎沒有意識到自己在付出代價。

這番想法讓我提出了一個簡單的問題：有沒有任何證據顯示，長期暴露在身分威脅中會對人造成什麼影響？

約翰・亨利現象：少數群體不可承受之重

接下來上場的是一位說話溫和、思考嚴謹的非裔美籍流行病學專家暨公共衛生研究者，名叫薛曼・詹姆斯（Sherman James）。詹姆斯出生成長於南卡羅萊納州的哈茨維爾（Hartsville），就讀塔拉德加學院（Talladega College）時主修心理學，並於密蘇里州聖路易的華盛頓大學取得心理學博士學位。研究所快畢業時，有個高中老同學向詹姆斯提到他在流行病學和環境衛生方面的工作。詹姆斯深受感動，因為這是他一直想做的事。一年過後，他即將完成研究所訓練，突然接到教堂山（Chapel Hill）的北卡羅萊納大學醫學院流行病學系主任的來電。對方提供了一個工作機會，在流行病學系擔任助理教授。他也說不清為什麼會接到這通電話，但他知道該怎麼回答：好。

到了北卡羅萊納，他全心投入研究健康方面的種族差異問題，因而接觸到一個眾所周知的現象：美國黑人不分男女，罹患高血壓（血壓高於140／90）的比率比美國白人都要高。最近一份報告指出：「有將近三分之一的黑人男性（百分之三十四）和黑人女性（百分之三十一）被認為患有高血壓，白人男性和女性則分別只有百分之二十五和百分之二十一。」可能有人會認為這些差異有一部分原因在於黑人和白人的收入、教育程度、BMI值、抽菸習慣等等不相同，而這些都是引起高血壓的因素。但即使根據這些因素的影響加以調整後，黑人與白人之間的這些差異依然存在。又或許有人認為這與非洲祖先的基因有關，可是非洲黑人並沒有血壓偏高的現象。

詹姆斯決定著手解謎。他先從申請研究經費開始，準備工作包括與北卡羅萊納大學附設醫院的高血壓黑人患者進行面談，其中一名男性特別令人難忘，他是地方社區的領導人，十分健談，向詹姆斯講述了他這一生不少的輝煌事跡。

此人於一九〇七年，出生於北卡羅萊納州上皮蒙特地區（upper Piedmont）一個赤貧的佃農家庭。雖然終究學會了讀寫，但小學只唸到二年級。不過誠如詹姆斯所寫：

> 更感人的是……他努力不懈，毅力堅定……歷盡千辛萬苦，終於將自己與後代子孫從佃農系統的奴債中解放出來。明確地說，四十歲時，他已擁有三十公頃的北卡州肥美農地……〔可是〕到了五十好幾，卻罹患高血壓、關節炎和消化性潰瘍，而且由於潰瘍的病情太嚴重，不得不切除百分之四十的胃。（頁一六七）

一天中午，詹姆斯為了與此人面談而前來拜訪。他們坐在後院，男人開始說起自己奮鬥成功的故事。過了一會兒，他的妻子從屋裡喊道：「約翰．亨利……吃飯了。」聽完此人不畏艱辛的奮鬥過程，接著聽到他的名字，讓詹姆斯有了一個想法，而這個想法決定了他後續職業生涯的方向。此人和傳奇人物約翰．亨利（John Henry）同名，就是美國民俗傳說中那個「鋼鑽」工人，兩個約翰．亨利之間的雷同人生令人難以忽視。

這個傳說是十九世紀末從鐵道和隧道工人群間傳出來的。傳說的細節自然也就是那樣，帶著傳奇色彩，但學者一致認為確實發生過類似該傳說的事件，時間地點很可能就在一八七〇年代西維吉尼亞州的大彎隧道（Big Bend Tunnel）附近。傳說中，約翰．亨利鑽鐵道釘的神力和耐力遠近馳名，最後他禁不住慫恿，和一台蒸汽驅動的鑽釘機器比試，展開漫長競賽。幾天下來，人與機器勢均力敵，到了最後關頭，約翰．亨利奮力一搏，掄起四公斤重的鐵槌連連猛敲，終於獲勝。然而，他的勝利讓他付出慘痛代價。約翰．亨利精疲力竭地倒下，通過終點線幾秒鐘就死了——這是工業時代的一個教訓。

對詹姆斯來說，聽到新一個約翰．亨利的艱辛經歷，又知道他的健康狀況，傳奇已不再是傳奇，而是暗喻著一種可能造成黑人高血壓比率較高的心身症。詹姆斯已經知道賽姆斯（S. Symes）在一九七〇年代提出的推測，「長期辛苦地應付艱難的社會心理壓力源，可能是〔包括黑人在內的窮人罹患高血壓比率較高〕最簡約的解釋。」雖然約翰·亨利·馬丁，即詹姆斯新發現的約翰·亨利，克服了許多不利條件，但長期的辛苦努力可能已經損害他的健康。詹姆斯認為約翰·亨利·馬丁的苦境，象徵著「更廣大的男性和女性非裔美國人（尤其是勞工階級）的苦境，他們不斷努力地想從普遍存在又根深蒂固的社會和經濟壓迫體系中解放出來」（頁一六九）。他於是著手驗證這個「積極因應／高血壓」的假設。「他認為約翰·亨利·馬丁的一生是歷史悲劇的一部分」，為了向他致意，便將這個假設稱為約翰·亨利現象。

詹姆斯首先提出一個量表來評量構成約翰·亨利現象的價值觀。該量表包括十二項陳述，例如「我一向覺得自己想過什麼生活大概就可以過那樣的生活」、「當事情不如人意，我就會更加努力」。每項陳述各有一到五分的等級，受訪者依照自己認同的程度打分數。根據詹姆斯的假設，因應低收入和黑人身分的壓力是每個人都會感受到的壓力，但這份量表的高得分者壓力尤其大，也就是「在艱難處境中會堅持努力積極因應」

的這群人。以此方法評量的約翰・亨利現象，聽起來就像受到刻板印象威脅影響的人展現的態度，這些人不僅認同一個自己群體承受負面刻板印象的領域，也非常在乎自己能否在該領域中獲得成功。

詹姆斯驗證這項假設的第一步，是先從北卡羅萊納州的皮特郡（Pitt）和厄齊康郡（Edgecombe）找來一些黑人男性做為樣本，這兩個郡是低收入的農村地區，只有少數例外。每位參與者填寫約翰・亨利現象量表並測量血壓，這個研究要做的只是這些。詹姆斯的猜測沒有錯：在約翰・亨利現象量表中得分較高的男性，血壓普遍高於得分較低的男性，而這個影響對於較窮困者更為明顯。在同樣這兩個郡以更大的樣本數進一步研究，結果還是一樣。在皮特郡的一次研究中，參與者共一千七百八十四人，年齡介於二十五歲到五十歲。結果顯示在收入最低的三分之一的黑人當中，約翰・亨利現象量表得分低的人只有百分之十九點三患有高血壓，得分高者卻有百分之三十五的罹患率。

在這個農村地區，光是低收入黑人所面臨的艱苦境況還不足以造成高血壓。要讓血壓升高，得對約翰・亨利現象有高度信念，對於成功與否的在乎程度還要足以支撐自己奮力對抗艱難處境。種族也是一項重要因素。同樣生活在這種狀況下，而且約翰・亨利現象明顯的白人，並沒有高血壓的情況。要讓血壓升高，除了得有明顯的約翰．亨利現象，還得是這些南方農村地區的窮苦黑人才行。近年來的一些研究發現，連中產階級黑人也有類似效應。

向上翻轉的劣勢人生：追求目標的代價

本章中的研究傳遞了一個令人氣餒，但也許十分明顯的訊息：當你所屬群體在某些領域中處於劣勢、受到差別待遇並承受負面的刻板印象，而你又很在乎能否在這些領域中有良好表現，便可能為此付出代價，有時甚至是慘痛的代價。也許你別無選擇。譬如，想獲得經濟方面的保障，很難不在乎社會上的成就——在詹姆斯的研究中，經濟保障應該就是參與者呈現顯著約翰．亨利現象的動力。就算你面對的阻礙只是承受負面的刻板印象，一樣要付出代價，研究刻板印象威脅的生理效應的實驗已證實這一點。即使在這些實驗中只是施加輕微而短暫的刻板印象威脅，已足以讓血壓升高、大大增加反芻思考、干擾工作記憶，並破壞高難度工作方面的表現。如果你在所屬群體承受負面刻板印象、處於劣勢並受到不公待遇的領域中，長期不斷地在乎成就、努力奮鬥，你的靈敏反應可能會轉化成慢性健康問題，其中包括高血壓在內。

泰德在非裔美國人政治學課堂上體驗到重大的身分威脅，他並不完全明白是怎麼回事，但他能說出一些嚴重症狀，諸如極度緊張、心思紊亂，以及對普通事情，甚至只是說出自己的名字都缺乏信心。這份威脅的即時影響非常強烈，但在泰德身上只持續很短時間。假如是長時間存在，假如他為了達到基本的人生目標，不得不大半輩子生活在某個環境中，而且還得因為自己的某個身分，去忍受他在這堂課體驗到的威脅，那麼他多少會習慣成自然，培養出因應技巧，會和同在一艘身分船上的其他人同聲共氣。不過，他得持續應付這個威脅。一段時間以後，他開始付出健康的代價，就不令人意外了。

即使如此，他可能會和約翰·亨利·馬丁一樣樂於付出這些代價，因為在社會中獲得經濟保障和事業成功的壓力實在太大。但事實上，他可能是在不知不覺的情況下付出這些代價，就像走過卡皮拉諾吊橋的男學生不明白自己為什麼那麼喜歡女訪調員一樣。人生的需求和目標占據了心理的前景，追求目標的代價則位於背景。我們不能單憑泰德或約翰·亨利研究的受試者，來理解他們究竟付出了什麼樣的健康代價。[注1]

想降低這些代價，需要了解代價高低的原因，需要了解造成這些代價的身分壓力惡化的原因，以及身分壓力好轉的原因，最後一項也是我現在開始要探討的問題。

注釋

1 在此我希望能謹慎一點。我不想暗示說身分威脅的壓力和它對非裔美國人累積的影響，甚至在智能領域中的影響，是那麼絕對、那麼無法克服，以至於在這些領域中只有少數的成功個例。很明顯還是有許多這類的成功案例，並有許多因素可以為個人減緩這種威脅感。也許在智能成就環境中的刻板印象威脅並不高（我們之後會討論，當身分相同的人產生「群聚效應」就可能有這種情形）；也許你個人被視為刻板印象的例外；也許你享有這些有利條件並具備了必要的技能和動力，而達到某種程度的知名成就，於是這份成就本身就像用口哨吹出韋瓦第一樣，扭轉了刻板印象的評斷；也許你有一些個人特質（膚色、方言和服裝等等）能夠扭轉刻板印象的評斷，諸如此類。我確信有一些約翰·亨利之輩，即使身處最艱難的困境，仍能夠努力克服這個威脅。只不過我的重點是為了披露：想要成功必須克服些什麼（即這種形式的威脅），以及我們不一定知道自己付出什麼代價。

第八章 刻板印象威脅的力量：線索的角色

群聚效應：女性大法官體現的職場刻板印象

二〇〇三年六月二十三日，美國最高法院宣布了兩個具指標意義的積極平權案例的裁決。在這兩起案例中，密西根大學要求對於申請該校大學部和法學院的兩位學生，保留考量其種族身分的權利，前者為「格拉茨訴布林格案」（*Gratz v. Bollinger*），後者為「格魯特訴布林格案」（*Grutter v. Bollinger*）。不過早在六月二十三日前幾週，我已經確信自己知道判決結果。五月十三日，我在公共廣播電台的《深思熟慮》節目（*All Things Considered*）中，聽到珊卓拉・戴・歐康納法官（Justice Sandra Day O'Connor）接受妮娜・托騰柏格（Nina Totenberg）的訪問。當時，一般認為最高法院另外八名法官在這兩項裁決上的正反意見恰巧各半，使得歐康納成為關鍵的一票。

採訪中始終未提及積極平權法案，而是將重點放在歐康納新近出版的回憶錄《我在最高法院的日子》（*The Majesty of the Law*），全書從她在亞利桑那*Lazy* B農場（Lazy B Ranch）的年輕歲月開始，一路講述到她進入最高法院。當托騰柏格問歐康納初進最高法院成為唯一女性大法官有何感想，歐康納說那種感覺「令人窒息」。「只要珊卓拉每到一處，媒體記者一定尾隨而至。」她還說每次裁決後，「都會再附加報導一下：歐康納法官在該案中做了什麼？」她的任命始終令人存疑：她夠好嗎？她有女權主義的傾向嗎？她的女權主義色彩是否不夠鮮明？各個陣營都拿著放大鏡在檢視她。

接著托騰柏格問歐康納：「金斯伯格法官（Justice Ruth Bader Ginsburg，第二位受任命為最高法院法官的女性）來了以後，情況有沒有好轉？」歐康納回答：「那真是天壤之別。金斯伯格法官一來，我的壓力就解除了……我們只不過是九名大法官當中的兩名……那真是令人欣喜的轉變。」我一邊開車一邊聽這段訪問，覺得我應該知道這兩個積極平權案的裁決結果了。會這麼覺得是因為這段話顯示出歐康納了解「群聚效應」

（critical mass）的概念，這個概念正是密西根案辯護的基礎。

所謂「群聚效應」指的是在一個環境如學校或職場中的少數族群人數夠多，使得該族群中的個人不再因為自己是少數而感到不自在，用我們的術語來說，就是他們不再感覺到身分威脅的干擾。當歐康納法官身為最高法院的唯一女法官，她缺乏群聚效應，因此感受到壓力，要承受外界特別的關注，並被迫成為法界的女版傑基．羅賓森。金斯伯格來了之後，她有了群聚效應，壓力和負擔隨之減輕。這不只是心理上的改變，她實際的隨因狀況也變了。法院每次做出裁決後，記者專訪她的次數減少了，而且比較少問她對於法院裁決的「女性觀點」，更不再跟著她上餐廳。如今她的工作環境多了一個同樣具有女性經驗和觀點的人，她可以不再那麼擔心別人以刻板印象看待她。

歐康納退休後，最高法院只剩金斯伯格一名女性，使得她失去群聚效應，她的隨因狀況也開始類似歐康納早期面對的情況。最近金斯伯格針對歐康納的離開如此說道：「在她離開以前，我沒有想到我會這麼想念她。我們在許多重要問題上的意見不同，但是我們同為女性，有同樣的成長經驗，也有男同事所缺乏的某些細膩特質。」她還說她不希望最高法院讓人覺得女性大法官只是「一次一個的稀有珍品，而不是正常現象」。

歐康納退休後，金斯伯格的隨因狀況惡化。她從「正常現象」變成非「正常現象」。

「群聚效應」並不是精確的用詞，很難訂出一個精確數值。舉例來說，高等法院只是多了一名女法官，歐康納便感受到群聚效應的好處，但是幾乎沒有大學院校會將兩名少數族裔學生視為產生群聚效應的臨界量。那個決定的關鍵是什麼呢？有一個可能性是，某個環境中的少數族群人數必須足以改善個人的隨因狀況。一般大學校園中只有兩名黑人學生，實在無法影響整個學校社群，例如主流風格、誰具有地位、誰能當學生領袖、被冠以刻板印象的可能性等等。舉例來說，在學生人數超過三萬六千人的密西根大學，就算有一百或五百名黑人學生，是否便足以產生群聚效應？然而最高法院的九名大法官當中，只是多一名女性就大大改變了歐康納的隨因狀況。

哈佛大學知名組織心理學家理查．海克曼（Richard Hackman）和同事尤妲．阿曼丁格（Jutta Allmendinger），藉由世界各地交響樂團的女性成員來檢視這個問題，結果十分有趣。在女性比例小至百分之一到十的樂團，女性樂師的感覺和歐康納在金斯伯格尚未進入最高法院時的感覺非常相似。她們覺得有必要證明自己，有必要效法男性優秀樂師的典範，壓力極大。即使女性比例達到百分之二十左右足以產生一定程度群聚效應的樂團，還是有問題，只不過問題不同於那些只將女性樂師做為點綴的樂團罷了——例如會有較大的性別衝突。直到比例達百分之四十，男女雙方才都開始有較滿意的感覺。

因此很難精確訂出群聚效應的臨界量。不過，二〇〇三年那天在車上聽廣播時，我知道歐康納了解儘管群聚效應並不精確，卻是真實而重要的概念。她自己就體驗過該效應存在與不存在的兩種情形。

歐康納法官或許希望世界能更簡單一些，希望所有人都純粹只是個人，而學校和職場對每個人都一樣，不會因為他（或她）的身分有所差別。她或許希望身為最高法院唯一女法官，就跟身為最高法院的男法官一樣。她在詮釋法律時，或許更想單純以個人的角度來考量，不必理會群體身分的隨因狀況。她畢竟是在後開拓期的西部成長，那個地區向來以個人主義聞名，但她的親身經歷讓她有所體認。因此最後在密西根案的裁決上，她以此體認做出決定。由於歐康納這關鍵性的一票，密西根大學輸了大學部的官司（校方採取的措施被認為太接近嚴格的種族配額制），但贏了法學院一案，使得校方在錄取學生時能將種族因素納入考量，這也代表法院認為少數族裔學生能否在大學環境中正常運作和學習，群聚效應具有重要影響。

身分融合：環境裡透露的訊息

歐康納在一個對她至關重要的環境中，譬如最高法院，感受到強烈的身分威脅。本章的核心問題是一個人如何能感受到這種威脅，又是哪些因素決定他會受到多大影響？

身為心理學家，我的第一個猜測自然是從這個角度出發，這點我已經承認過。我想一定是某個心理因素，或許是一種特質，讓人對這個威脅易感，例如缺乏自信、對於受歧視的可能性太敏感、挫折的耐受度低。但我們初期的研究卻指向不同方向。最容易受此威脅影響的，是像歐康納、金斯伯格以及在群體中名列前茅的少數族裔和女學生這些人。若想克服這個威脅感，還需要更高的成就技能，那麼他們幾乎不可能辦到。

於是我們開始探索環境的角色，因此有了身分隨因狀況的想法，也就是在特定情境中隨一個人的身分而定的特殊狀況。從這裡又引出另一個想法：一個人在某個環境中會感受到多大的身分威脅，取決於該環境中暗示這些隨因狀況的線索，例如以歐康納來說，她的決定會比其他法官的決定更受矚目、對她的提問似乎會受到性別刻板印象導引，諸如此類的線索。這於是成為我們對於為何會感受到身分威脅與它為何有這些影響等問題的有效假設：答案不在於個人特質，而是環境中的線索，暗示隨因狀況的線索。

我們正在思考這一點時，我的一次親身經歷提供了活生生的例證。當時我去造訪矽谷一家新創公司，到處可見暗示年齡的線索。公司總裁二十六歲，其他員工都比他年輕。辦公室隔間上方懸掛著腳踏車，辦公室裡播放著我從未聽過的音樂。我覺得自己很老，並想像自己在那裡工作會是什麼感覺。我應該會擔心同事的觀感。或許他們平時對年長者並無偏見，但在那個情境中，卻可能以刻板印象看待我，認為我是「不熟悉電腦的老人」。他們可能會高傲地對我抱持較低期望，也可能貶低我的貢獻。他們可能會覺得我無趣，甚至擔心若與我扯上關係會降低自己的地位，因此用餐或開會時不願與我同坐。即便全公司沒有人說過一句話，我還是擔心這一切可能發生的隨因狀況。無論是高懸的腳踏車，或是播放的音樂種類，這些線索便已足夠。

這個想法成了我們主要的研究問題：這些線索往往是看似無害，又像是一個環境中無可避免的自然元素，有可能控制一個人感受身分威脅的程度嗎？

這麼想是有道理的。如果你正在一個環境裡進行「身分融合」，就像歐康納在最高法院、泰德在非裔美國人政治學課堂上那樣，那麼你會集中注意力，對於可能發生的隨因狀況提高警覺。而除了環境本身的特點之外，還有什麼更相關的訊息呢？你往往沒有其他的依據，真正實行起來並不簡單。任何特定線索都可能告訴你關於你需要知道的一切訊息，但也可能讓你毫無收穫。你必須不斷挖掘，偶爾利用多重線索推敲其意義。最高法院做出裁決後，歐康納收到了多少記者傳來的電話簡訊，這個訊息可能在告訴她外界正格外注意她在判決中扮演的角色——這是她在法院裡的一個身分隨因狀況。或者辯護律師傾向於只和庭上的男性法官眼神交流，這個訊息可能在告訴她性別有損她在法庭上的高度——另一個隨因狀況。她無法確定。這些細節或許並無意義，可是無論是否表現出來，她都可能在某個程度上篩檢這些細節，試圖釐清其中的意義，並因此占用寶貴的認知資源。

我們得到一個簡單的實用規則：假如一個環境中可能令人不安的線索繁多，就可能出現身分威脅感。但假如一個環境中只有零星的類似線索，而且／或者線索指向好的方向，那麼身分威脅感應該不會出現或者應該會降低。規則是好的，但得要行得通。但願在後面幾個章節中，能運用這條規則來顯示如何減少身分威脅，特別是在它會造成有害影響的地方。不過現在，為了讓大家明白偵測隨因狀況的工作範圍，我先針對我所說的線索舉幾個例子，幾個主要類型。

暗示一個人受排擠的線索肯定會高居榜單前幾名。而這類線索當中居首位的就是在一個環境中，有多少相同身分的人——「群聚效應線索」。上個世代的非裔美國網球明星亞瑟·艾許（Arthur Ashe）曾說：「我和其他許多黑人一樣，到了一個新的公開場合就會數人頭。我一定會數。我會數在場有多少黑色和褐色面孔……」（頁一四四）泰德會在非裔美國人政治學課堂上數和他相同的面孔，在最高法院的金斯伯格也會。幾乎每個人都數過。為什麼？因為這會讓我們知道周遭相同身分的人夠不夠多，是否足以讓我們不至於為了那個身分遭受排擠。這等於回答了「群聚效應」問題。人數少代表著不利的可能性：我們可能難以被接納、可能缺乏感受相同的夥伴、可能在該環境中缺乏地位和影響力。並不是人數少就一定會發生這些隨因狀況，只是發生的可能性提高，使得我們不斷運用心理資源評估可能發生的機率。泰德是非裔美國人政治學課的兩名白人學生之一，使得他上課時無時無刻不繃緊神經。

還有其他線索與排擠有關。如果在一個環境中沒有一個有力人士與你身分相同，這向你傳達了某種訊息。也許你的理想抱負會受挫，也許你會被迫扮演邊緣角色。希拉蕊．柯林頓與歐巴馬競選總統有一個重大意義，就是在政治上幫助女性和黑人這兩大身分群體去邊緣化。毫無疑問，這兩個身分再也不會是成為國家最高領導人的障礙。

偵測隨因狀況時，你也可能會注意到一個環境如何依照身分建構。餐廳裡是否有種族的區隔？學校裡的交友圈是否依社會階級劃分？男性教授的薪資是否比女性教授高？校區裡的學校，校長是否多為男性？取用資源的管道，從使用社區泳池到取得申請大學的資訊，是否受家庭富裕程度的影響？

此外還有關於環境包容性的線索。學校認為體驗群體多元性對一個人的教育是必要還是不重要？對此議題，學校領導高層的意見一致或是分歧？這類問題的答案都是隨因狀況的線索，能讓你知道在這個環境裡可能要面對些什麼。

當然，在一個環境裡還有暗示偏見的線索。偏見的表達是否為普遍的常態？在職場裡是否有某些群體受輕視？不同群體的人是否會以群體為主，互相競爭？

關於偵測身分隨因狀況，有幾個重點要記住。第一，除非你正在一個環境裡進行「身分融合」，否則很可能不會這麼做。但也許有一些例外情形。例如，在全部是少數族裔學生的學校裡，學生可能會將學校的破敗當成線索，認為大社會不重視他們。不過大致說來，身分融合才是這項偵測工作的起因，它讓整個環境明明白白變成眾多線索聚集的源頭，而你可以從這些線索得知自己將要面對哪些身分隨因狀況。

其次，這項偵測工作並不完全是偵測偏見。希望從這份「融合注意事項」的清單可以看出，不是每個身分威脅都來自有偏見的人。想想在金斯伯格進入最高法院前的歐康納。她所面對的隨因狀況大多與同儕法官或法院職員的偏見無關。他們之中或許有一些人帶有偏見，但她的問題不僅止於此，還有：在法院裡以男性的感受和參照為主，運作上比較不注重女性的觀點；缺乏女性群聚效應，使得她在法院裡沒有歸屬感；在較大範圍的社會和法界裡對女性的負面刻板印象，會被用來評斷她的工作表現；身為法院唯一女性，讓她成為每次判決中的唯一女性代表等等。即使一起工作的人沒有一丁點性別歧視，歐康納還是得面對這些問題。

雖然令人難過卻是事實：身分威脅不只是偏見的威脅，而是隨因狀況的威脅。

無人是孤島：創造安全感的關鍵改變

你應該和我們一樣有不少疑問。環境中的些許線索真的能破壞一個人的歸屬感嗎？人能那麼靈敏地感應到社會環境中的細節嗎？我們是根據相當充分的理由得出這些想法。雖然綜觀全局時，我們所主張的情境線索的影響極具說服力，但這個主張禁得起實證測試嗎？

這些想法，主要是我與另外兩名同事華樂莉・珀迪—凡茲（Valerie Purdie-Vaughns）和瑪莉・墨菲（Mary Murphy）一起提出的。華樂莉是來自紐約市的非裔美國人，瑪莉則是來自德州的拉丁裔混血，兩人的出身背景不同，但這不同的背景似乎讓她們具有相同天分：兩人都能敏銳洞察心理，對於社會身分如何影響職場和學校的日常經驗高度感興趣。有時候還會有另外兩人加入我們，一是保羅・戴維斯（Paul Davies），另一人是珍妮佛・蘭道・克洛斯比（Jennifer Randall Crosby）。保羅是來自加拿大滑鐵盧大學的博士後研究生，反應機敏（目前是位於基隆拿〔Kelowna〕的英屬哥倫比亞大學教授）；珍妮佛是另一名聰明的年輕社會心理學家，對於身分如何塑造教育經驗深感興趣。有一個問題令我們團隊興奮無比，或許可以稱之為「無人是孤島」問題：在一個環境中，只是模糊暗示了身分隨因狀況的一些偶發線索，例如從天花板垂掛下來的腳踏車、記者傳來的簡訊、身為政治學課堂上僅有的兩名白人學生之一等等，真的會影響歸屬感這麼基本的東西嗎？我們的直覺說會，但我們知道也可以合理地假設，只要你願意，只要你認為這個環境很重要，就能夠輕易克服這類線索的影響。

我們的直覺獲得一些新的研究結果支持。麥可・殷茲利特（Michael Inzlicht）和班奇夫做了一項研究，讓女性分組進行高難度數學測驗。每一組有三名考生，假如同組中沒有男性，女性的表現會比同組中有一名男性更好，而假如同組中有一名男性，女性的表現又會比同組中有兩名男性更好。在這些分組中，女性人數越少（這是一個偶發而模糊的線索），她們的表現也越差。這些女性不是「孤島」，她們受到情境的影響，這個背景線索可能是外界預期她們可以克服的。

我們團隊的保羅和史蒂芬共同發表另一項結果，證明了線索的力量。他們讓一群男女大學生看一系列六支電視廣告，並宣稱這是為了做媒體研究。其中一半學生看到的廣告，有兩支內容以愚蠢的性別刻板印象來呈現女性，例如男女同校的大學女生吹噓著學校裡的派對生活，而另一半學生看的廣告無涉及性別的內容。看過廣告以後，研究者將學生一一帶到走廊另一頭，宣稱要進行另一項研究，請他們幫助一位研究生，盡可能做一些詞彙和數學題目。研究結果一目了然。稍早在廣告中看到女性形象以刻板印象呈現的女性，相較於沒有看到這些廣告的女性，選擇的數學題目較少，即使選了，表現也較差，而且對於與數學相關的主修和職業較不感興趣。這是個完全瞬間即逝的偶發線索，很可能是因為讓女性受試者聯想到自己不願印證的女性形象而起作用，但這條線索不僅破壞她們的數學表現，也降低了她們對數學和數學相關主修及職業的興趣。

我初見這些結果時，不禁好奇在真實生活中能概推到多大範圍。這種短暫的線索肯定只會產生短暫而不重要的影響。我隨即想到在真實情境中，譬如在金斯伯格之前歐康納的最高法院，或是泰德的非裔美國人政治學課，或是電腦課堂上的女學生，產生這些影響的線索並非瞬間即逝，而是情境中持續的元素，因此很可能造成重大而持久的影響。我們不是孤島：塑造我們人生的抉擇和關鍵表現有可能受到環境中偶發因素的影響，即使我們幾乎沒有意識到也一樣。

現在我們有證據證明，這些線索和其構成的威脅有可能損害表現，甚至能降低一個人對某種職業的興趣。可是卻沒有直接證據顯示偶發的線索能讓人覺得不屬於某個真實環境，或是不信任該環境。事實果真如此嗎？

為此，華樂莉和我設想出一個簡單的實驗。我們讓黑人與白人受試者讀一份模擬的公司社訊，並宣稱那是一家矽谷的公司，等他們完整閱讀過後，再問他們像這樣一家公司能讓他們有多大的歸屬感和信任感。為了查證公司的偶發特色會不會藉由暗示職場裡可能發生的身分隨因狀況，影響到人的歸屬感和信任感，我們虛構了幾份不同的社訊，包含不同的公司特色，然後比較它們對人的歸屬感和信任感的影響。

有些社訊內容包含的生活照，呈現公司裡一小部分少數族裔（黑人、拉丁裔和亞裔）的工作情形。另外一些社訊內容則呈現出較多的少數族裔員工在公司的照片。我們還想知道另一個線索的影響，就是公司對於多元化的政策聲明。因此有些社訊中會有一篇文章清楚聲明公司嚴守「色盲」政策，定義就是對待員工和增進福利一律只看個人，不管膚色。另外一些社訊中的文章則清楚聲明公司高度「重視多元化」，定義就是重視來自不同背景的人帶進職場的不同觀點和資源。

這是個簡單的程序，而且很簡便。我們可以將不同的公司社訊分發給不同的黑人與白人受試者，當然一定有實驗室裡的大學生，但也可以發給學校餐廳裡的商學院學生、在星期五餐廳舉行派對的黑人專業人士，以及搭通勤列車往返帕羅奧圖（Palo Alto）與舊金山的單純乘客。所有這些不同樣本我們都做了實驗，檢視同樣兩條線索（少數族裔的群聚效應和多元化政策）對於受試者對公司的歸屬感和信任感有多大影響。

幾乎每個樣本的結果都很明顯。無論社訊包含什麼線索，也就是說無論內容呈現的是一小部分或人數較多的少數族裔（我們呈現的少數族裔最高比例是百分之三十三），也無論公司是採「色盲」或「重視多元化」的政策，白人受試者（在我們的社訊內容中被描述為多數群體）都覺得有歸屬感並信任公司。多數的地位，無論在公司內外，都能讓人有歸屬感。

然而，黑人受試者的行為很像艾許，他們會數人頭。當社訊呈現的公司擁有稍多的少數族裔，他們就會像白人受試者一樣有歸屬感和信任，而且不管公司的多元化政策為何。群聚效應讓他們放下了警覺心。

可是當公司被呈現為少數族裔不多，黑人的信任和歸屬感就會多一些條件了。多元化政策變得關鍵。有趣的是，色盲政策（這可能是美國解決這些問題的主要方式）並未奏效，反而導致更低的信任和歸屬感。當公司的少數族裔人數不多，黑人似乎無法對「色盲」政策照單全收。但重要且同樣有趣的是，當公司採行「重視多元化」政策，黑人卻不懷疑。有了這項政策，即使公司裡少數族裔不多，他們仍信任公司並相信自己在公司能有歸屬感。從這裡得到的實用結論是：無論是群聚效應或重視多元化對環境的貢獻，都可能讓少數族群感覺到更自在。

這個結果同時揭露了意義更廣泛的一點：當人在評估身分威脅時，對一條線索的詮釋可能受另一條線索影響。黑人受試者原本對公司裡少數族裔不多一事大感困擾，但明顯重視多元化的政策讓他們忽略了這個事實。而他們原本可能對色盲政策感到擔憂，但是看到公司有較多的少數族裔讓他們忽略了這層疑慮。因此，一條線索的意義會根據其他存在的線索而定。

這或許就是一個補救之道：如果一個環境裡有夠多線索能讓某個群體的成員得到「身分安全感」，那麼就能抵銷其他線索可能造成的威脅影響。金斯伯格進入最高法院後，原本那個環境中讓歐康納感受到莫大身分威脅的線索依然存在，例如法院中以男性為主的文化和感覺、法院史上向來只有男法官的事實、社會文化對於女性勝任法官一職的懷疑等等線索。金斯伯格來了之後，歐康納有了足夠的身分安全感，因為重要的身分隨因狀況起了夠多變化，使得其他線索不再那麼令她困擾。她知道自己比較安全了。

華樂莉和我做的研究確實開啟了一個可能性：要讓人在環境中得到身分安全感，也許並不需要改變一切，譬如說，不需要消除每一個可能存在的身分威脅線索。也許只要做幾個關鍵的改變，確保某種程度的身分安全感，就能減少其他線索的威脅意義。我們會在下一章回到這個重點。

不過探討這個想法之前，瑪莉想要更深入一窺這些線索的影響。她之所以加入我們實驗室是因為對身心關係很感興趣，也就是心理與生理機能運作之間的關聯。她提出的問題與約翰．亨利的問題雷同：身分威脅會讓**生理**付出什麼代價？歐康納和泰德在承受線索引發的威脅時，身體是否付出了代價？華樂莉和我的實驗中那些偶發的情境線索，真的有生理上的影響嗎？真的能導致心跳加快、血壓升高、冒更多汗等等壓力跡象嗎？當時我們便知道在考試時感受到刻板印象威脅會產生這種影響，但考試是非常緊張的狀態。瑪莉的問題則是關於身分威脅在普通日常情境中造成的生理影響。假如我真的進矽谷那家新創公司工作，懸掛在天花板上的腳踏車會不會對我的**生理**造成影響？坐在非裔美國人政治學課堂上的泰德，有什麼生理上的反應嗎？

對於這個研究我們需要一些協助。瑪莉於是到同一棟樓的樓上，請詹姆斯．葛羅斯（James Gross）加入研究計畫。葛羅斯在人類情感的心理和生理學研究方面，是美國數一數二的專家，工作非常忙碌，卻還是大方應允了。我們這支小小團隊開始處理主要核心問題：偶發的情境線索，也就是有可能暗示身分威脅的隨因狀況，卻又完全是環境中偶發性的線索，真的能對人產生生理影響嗎？除此之外，我們又新增一個問題：這些線索是否也會讓人對環境更提高警覺，更留意各種麻煩事？要測試人在環境中的警覺性，可以測試他們記得多少偶發特點，諸如在場的男女人數、這些人坐的位置、門的位置等等。警覺性越高，這類特點會記得越多。

我們找來主修數理科的史丹佛男女學生，每次讓一個人進實驗室。我們聲稱實驗的目的是要他們評估預訂暑假將在史丹佛舉行的數理科領袖大會的宣傳影片，解釋說想知道他們對於影片的生理反應，請他們觀看時在手腕上連接生理感應器。影片中播放的，表面上看似前一年夏天大會上拍攝的照片。一部分受試者看到的是「均衡」的影片，其中每張照片裡的男女人數相當。另一部分看到的是「不均衡」的影片，其中每張照片裡男女的比例是三比一，我們認為這個線索會對女性觀眾造成身分威脅。看完影片後，我們利用問卷評量所有參與者對於影片中和實驗室裡偶發特色的記憶，實驗到此結束。

結果如何呢？在主修數理科的男生身上沒有太大發現，他們的生理反應沒有受到影片中男女比例的影響，從頭到尾都很平靜。他們對於影片和環境中偶發特點的記憶，一律少之又少。可是主修數理科的女生看到男女比例三比一的影片，反應就不是如此了。相較於看男女比例相當的影片的女生和所有男生，這些女生心跳加速、血壓升高和冒汗的情形都明顯加劇，也記得更多影片中和實驗室裡的偶發特點。她們的警覺性被喚醒，更留意周遭情形，應該是為了尋找對「領袖大會」有所暗示的隨因狀況線索。單憑提高男女比例就足以明顯影響她們的生理反應、她們對環境的警覺性，甚至於她們的記憶。

歐康納和金斯伯格或許並未意識到，但她們獨自在最高法院的時期，可能都承受著額外的生理負擔，這是她們當時因為身分而被迫格外提高警覺所付出的無形代價。瑪莉和我發現，要造成這種影響並不困難，在非常普通的環境中就可能發生。在這個實驗情境中，如果不是女性，幾乎不會發現影片中三比一與一比一的差別。可是三比一的影片卻足以讓女性受試者心跳加快、血壓升高、壓力增強，還能讓她們細細搜尋影片中和實驗室裡的各種線索，看看數理和工程領域的女性可能需要面對些什麼。

瑪莉和我還做了其他類似的實驗，再次證明偶發性的普通線索有能力造成身分威脅，並證明這些線索之所以造成威脅，是因為讓人擔心由於身分的關係，不得不在環境中面對一些不好的事情。同樣重要的是，先前華樂莉和我所看到充滿希望的結果，也在這些實驗中重新得到驗證：暗示身分安全感的線索往往能消滅受試者的身分威脅，即使環境中仍存在其他帶有威脅的線索也無所謂。

華樂莉、瑪莉和我展開這項研究的初衷，是為了找出哪些因素決定了身分威脅的強度。我想我們已經找到答案，就是線索，就是暗示著不利的身分隨因狀況的環境特點。這類線索越多，威脅的預兆越凶險，而威脅實際發生的機率越高，我們所感受到的身分威脅也就越強烈。歐康納早期置身的最高法院便充滿這些線索，不是來自同事的仇恨言論或公開的偏見，只是法院裡的普通特點和情境暗示了她性別的隨因狀況，從女廁數量不足到記者所提出充滿刻板印象的問題等等都是。[注1]

我們得到了一個有效的答案，也是我喜歡的答案，因為線索和隨因狀況都能改變，至少有時候可以。你可以找到它們，可以改造別人對它們的想法。假如身分威脅根源於某種內在心理特質、某種弱點，想要改善會比較困難。治療師恐怕遠遠不夠吧？但環境是可以改變的，至少有時候可以。而環境讓人感受到的威脅程度也可以改變。所以我喜歡我們得到的答案，它讓我們深入了解到，可以如何降低身分威脅和這種威脅在重要場所的不利影響。它也向我們提示了如何思考改善方法，就是把重點放在環境——環境的關鍵特點和設置，環境的「不便之處」，套威廉斯的話說——以及環境給人的感受。

了解這一點之後，我覺得已經有辦法改善真實環境中身分融合的經驗。但願如此，因為這正是我們接下來的挑戰。

注釋

1 若要就少數族裔學生的學業狀況來表述這個論據，身分威脅線索較多（少數族裔學生不多、高度精英教育的學習氛圍、教職員鮮少是少數族裔等等）的中小學和大學，少數族裔學生所感受到的刻板印象威脅應該較大；若是校園中身分威脅線索較少（充分的群聚效應、多元化的成功途徑、明顯可以看到少數族裔領袖人物等等），刻板印象威脅也應該較小。

第九章　降低身分與刻板印象的威脅：一個新希望

冒牌者症候群：建立富安全感的敘說

一九六七年秋天，我開始在哥倫布市（Columbus）的俄亥俄州立大學社會心理學研究所攻讀博士。關於研究所，或是醫學院、法學院也一樣，得先提到一點，那就是一開始幾乎沒有人不略感膽怯，儘管偶爾有虛張聲勢的表現。在這個充滿挑戰和評價的世界裡，你是個「菜鳥」，又想成功，會盡可能尋找線索，證明自己屬於這裡。每個人都會這麼做。但是我身為博士班的唯一黑人學生，在心理系一百多名研究生當中，包括我在內只有兩三名黑人，加上那個年代，較高等的教育界仍然罕見種族融合，我於是多了一層擔憂。

我符合那個地方的形象嗎？一如所有的研究所，這個地方強調卓越，那些定義卓越的價值觀、體現卓越的工作品質，在在啟發了我。但這一切就像一個套裝組合，就我這個唯一黑人的角度來看，這是一個全白人計畫的套裝組合。因此白人學者的某些偶發性特質，例如偏愛樸素裝扮、似乎熱愛所有歐洲事物、喜好不甜的葡萄酒、對黑人生活和流行文化所知甚少等等，都隱隱與卓越性相關。卓越性似乎有一種身分是我不完全擁有的，我也擔心自己得不到這個身分。也許我可以努力一段時間，但相信不用多久，外表的偽裝就會消失，而不卓越的我會顯露出來。我想，許多研究生在試圖融入一個職業文化時，都會經歷類似的「冒牌者症候群」。可是當身分的差別涉及種族，這種職業融合看起來幾乎是不可能。

研究所裡還瀰漫著一種極不友善的刻板印象威脅。在這裡，智能幾乎可以說是最受重視的人類特質，而且我深深明白在美國人的意識中，我所屬群體正好給人缺乏這種特質的刻板印象。為了不讓我忘記這點，心理學本身就像個摳瘡疤的小孩一樣，不斷提出「黑人與白人是否具有相同的遺傳智力」這個問題。在那個時期，亞瑟・詹森（Arthur

Jensen）在他的論文〈智商與學業成績能提升到什麼程度？〉（How Much Can We Boost IQ and Scholastic Achievement）中，提出了質疑。後來又有理查・赫恩斯坦（Richard Herrnstein）和查爾斯・穆瑞（Charles Murray）的《鐘形曲線》（*The Bell Curve*）。心理學界以季節性的規律提出這個問題，而我則是這個問題群體的樣本。

我很難相信行為舉止正常、自我展現時沒有格外留意的我，不會被人看輕，別人要不是以我所屬群體的負面刻板印象來看我，就是認為我不符合這個領域中佼佼者的正面刻板印象。這是個廣泛的壓力，不僅限於高難度測驗，上課時、交談中、坐看美式足球賽時，都能感受到。這種壓力能麻痺一個人的性格，尤其有教職人員在場時，連系所的野餐這種非正式場合也不例外。我從未在課堂上提問過，那感覺就像泰德上他的非裔美國人政治學課，只不過我的壓力不只局限於一堂課。我還記得有一次研討課上到一半，我注意到自己的手。那兩手的黑色皮膚意味著什麼呢？毫無意義？或是意味著一切？

我要特別強調一點，這種感覺並不是因為周遭的人表現出不友善的態度。俄亥俄州立大學是一座城市般的大學，我就讀的系所是這座城市裡一個友善的社區，大家通常都會互相加油打氣。至於我，則會盡量以不帶威脅性的方式去解釋一切事情。只不過在早期，我總是要不停地釐清狀況。融入並非易事。

初進研究所這段時間，我缺乏對環境的敘說和理解，因而無法產生信任。倒不是聽不到任何敘說，譬如會有「加倍努力，不要理會別人怎麼想」的說法、有民權運動的耐心和毅力的說法、有「就是要對自己有信心」的說法等等，任我挑選。可是要降低緊張感，我需要一個能讓我真正覺得比較安全的敘說。

後來有件事給了我所需的這個敘說，而且事實證明這件事能幫助其他與我困境相同的人。不過首先出現的是一個更基本的問題：身分威脅有那麼重要嗎？對於開啟我們這趟研究之旅的群體表現欠佳現象而言，它是主因或只是次要因素？詳述解決的方法之前，應該先要知道（實際在大專院校中）解決這個問題有多重要。

無數啃噬之痛：頂尖學校高材生竟是刻板印象最大受害者?!

威廉．鮑溫（William Bowen）以驚人的精力著稱。他出生於美國中西部，經訓練成為經濟學家，一九七二年，年僅三十九歲的他從教職員當中脫穎而出，受任命為普林斯頓大學校長，並成為該校歷屆最成功的校長之一。一九八八年離職後，他繼而擔任安德魯梅隆基金會（Andrew W. Mellon Foundation）總裁，這個知名的基金會對於美國高等教育以及藝術與人文方面貢獻卓著。擔任基金會總裁時，鮑溫有一個與眾不同的強烈信念：高等教育的主要政策應該盡可能以實證研究為依據。而研究的內容應該針對以下這些問題：哪些背景因素能促進大學生的良好表現？對少數族裔和低收入家庭的學生也一樣嗎？積極平權法案的受益者後來對社會有多大貢獻？有多少學業成績優秀的學生因為大學對運動員的例行保障名額而失去入學機會？他也盡力證明以實證研究解決這些問題是可行的。

鮑溫還憑著說服力和職位權力，讓一流的大專院校為此研究提供必要的資料。他自己的研究重點放在「大學時期和畢業後」研究，在梅隆基金會贊助下，他追蹤了二十八所頂尖大專院校的三屆學生，分別畢業於一九五一年、一九七六年和一九八七年，從大學時代一直追蹤到成年，大多直到四十多歲。鮑溫和前哈佛大學校長德瑞克·伯克（Derek Bok）根據這些資料，在《河流的形狀》（*The Shape of the River*）一書中指出，藉由積極平權法案申請進入這些學校的學生，即使在學校裡力爭「上游」，後來的人生階段卻大多在為「下游」做貢獻，這也是該書名的由來。

這段期間，梅隆基金會還贊助了另一項針對一流學府學生經驗的研究，由社會學家史蒂芬・科爾（Stephen Cole）和艾琳娜・巴柏（Elinor Barber）負責主持。無論是鮑溫和伯克的研究或是科爾和巴柏的研究，都有強力的證據顯示少數族裔學生表現欠佳，就和我多年前在密西根大學招生與留校委員會看到的情形一樣。這顯然不只是密西根大學的問題。但更重要的是，這兩對作者都認為原因可能是刻板印象威脅。鮑溫和伯克這麼說是因為相較於白人學生，成績較好的黑人學生表現欠佳的現象最明顯，既然刻板印象威脅影響高材生最劇，那麼表現欠佳就可能和刻板印象威脅有關。科爾和巴柏這麼說則是因為若只觀察高材生（他們研究的是學生選擇學術性職業的原因，因此只針對成績較好的學生），他們發現頂尖學校學生表現欠佳的情形最明顯，而他們認為在這些學校刻板印象威脅也可能最大。這些研究結果或許有其他解釋，例如缺乏文化資本或缺乏有關制度的實用知識。我暗自懷疑。但長時間以來，關於刻板印象威脅對學生表現的實際影響——這是在實驗室研究中可信度極高的發現——這些研究結果提供了最佳證明。

接著上場的是道格拉斯・梅西（Douglas Massey）和其先後在賓州大學與普林斯頓

大學的同事，他們試著直接評量黑人和拉丁裔學生在一流大學中體驗到的刻板印象威脅。梅西與鮑溫有許多共通點：身高、驚人的精力和生產力，很重視並慎重研究社會的敏感議題，例如居處隔離和拉丁移民等。梅西和同事同樣是在梅隆基金會的贊助下，展開一項全國性的大學生表現研究，針對的學校與鮑溫和伯克研究中的學校大同小異，大多為長春藤盟校、大型的一流公立大學和傑出的文學院校。但這次的研究重點放在學生的背景特質對學校表現有何影響。他們將鮑溫和伯克的書名稍加變化，把第一份報告命名為《河流的源頭》（*The Source of the River*）。

他們在這些大學錄取的新生當中挑選近四千人，白人、黑人、亞裔和拉丁裔的抽樣人數大約相等，在他們各自到學校報到以前進行面談，並且直到大三的每年春天會以電話訪談。這個訪談時程意味著研究團隊未能評量學生大一那一年，大部分時間所感受到的刻板印象威脅。於是他們改而評量背景特質，認為這或許會是學生進入校園後對刻板印象威脅易感的原因。學生被問到：有多懷疑自己的能力，有多憂慮教授和教學人員可能輕視他們的能力。沒有這些弱點的學生還是可能體驗到刻板印象威脅，但梅西團隊發現這些弱點確實會影響那些學校的黑人和拉丁裔學生的初期表現。此外，以高中成績來衡量的學業準備充分與否、大學先修課程的多寡、家庭的社會經濟地位、學生對於同儕影響的易感程度等等，也都有影響。然而，梅西團隊這麼說：「有大半原因⋯⋯（黑人和拉丁裔學生與其他群體之間）初入學時的成績差異，在於他們對刻板印象威脅的感受力不同，以及不同群體學生在入學時為大學課業所做的準備程度不同。」（頁一九一）

那麼，相對於黑人和拉丁裔學生入學時對刻板印象威脅的易感性，真正在校園裡感受到的刻板印象威脅會影響他們的表現嗎？梅西團隊利用春季電訪來回答這個問題，例如他們會問學生有多擔心教授和其他人以刻板印象看待他們。結果發現黑人和拉丁裔學生越擔心這些看法，那個學期的成績就越差，而且無論對這個威脅的感受度高或低的學生都有這個現象。

大學成績不好有很多原因，而梅西團隊得到的結論是，黑人和拉丁裔學生面對的這類「原因」比白人和亞裔學生更多。他們來自雙親家庭的可能性較低；他們在校時，家人經歷暴力和創傷而使得他們無法專心學業的機率較高；他們來自隔離地區的機率較高，使他們較無法獲得有助於大學表現的文化知識和技能；他們的大學學費占家庭收入較高的比例；他們上的高中比較不可能有大學先修課程；他們上大學前的交友圈比較不可能注重大學成就，諸此等等。

這些結果顯示，在校外與種族、階級和族群有關的不利條件，或者可以稱為身分隨因狀況，會戕害大學的表現。一如梅西所說，這些學生承受著「無數啃噬之痛」。不過，和梅隆基金會贊助的所有研究一樣，這些研究發現除了其他不利條件的影響之外，刻板印象威脅也會損害大學生的表現。這是個令人痛心的事實。也就是說，即使黑人、拉丁裔和原住民學生克服了其他不利條件，試圖獲得與白人及亞裔學生平等的地位，卻仍得進一步面對刻板印象和身分威脅的壓力。就算是這些群體中最傑出的學生，還是可能在成績方面承受與身分相關的額外壓力。

然而，梅西團隊確實找到一個可以緩解這種影響的因素，就是黑人教授。在這些學校，假如課堂上的教授是黑人或拉丁裔，而其他學生也有較多黑人和拉丁裔，那麼黑人和拉丁裔學生幾乎不會感受到刻板印象威脅。又是「群聚效應」嗎？誠如泰德所描述的非裔美國人政治學課中的黑人同學，看起來身邊多出這許多黑人學生，真的能讓他們覺得略微解脫了身分威脅。

如此說來，在真實院校中，刻板印象威脅的確會影響少數族裔學生的學業表現。這便是重點所在。我期盼未來的研究能找出減輕這個影響的因素：也許這個壓力在一流學府更大；也許對少數族裔的第一代移民影響較小（他們可能不會被視為受刻板印象影響的群體成員）；也許膚色會有差別。

總而言之，已知的結果清楚顯示身分威脅是美國高等教育中少數族裔表現欠佳的主因，明顯值得「解決」，所以我要回到剛才說的，多年前是什麼改變了我自己的研究所經驗。

麻痺狀態解凍：改變情境中線索的意義

我分配到的指導教授是湯瑪斯．奧斯托姆（Thomas Ostrom），他的工作是幫助我透過研究實習成為科學家。湯瑪斯說話口氣溫和、直截了當，我初次見到他時，他稀疏的頭髮正從六〇年代初的短髮過渡到六〇年代末的長髮。從一個研究所新鮮人的眼光看來，他很像一個具有嚴謹科學精神的神父。在辦公室討論研究工作時，他經常點起桌上一根擺放位置顯眼的白胖蠟燭，並帶著充滿希望的笑容。

別忘了，當時我的性格完全封閉，尤其是在學校裡。不過，我確實很喜歡和湯瑪斯碰面。他的態度平靜、認真又溫和，但不太關心私人問題，對一個性格封閉的人來說，這一點相當值得感謝。他似乎並不在意我的麻痺，或許是不知道該怎麼辦，也或許根本沒注意到。總之他的注意力似乎不在我身上。燭光底下看起來，研究工作才是吸引他注意的焦點。直到數年後，我才得到他的當面讚賞，不過對於我們合作的研究，他從一開始就興趣濃厚。

這種情形傳達一個訊息給我：他對我有信心，把我當成值得合作的夥伴。他對於自己科學家工作的設定中，多少將我涵蓋為一個有能力，否則至少是有潛力的同事。我的種族和階級沒有阻礙他。如果他讚美我，我說不定還不會相信，因為對威脅太過警覺。不過我可以信任這個平和的工作關係。我的麻痺狀態開始解凍，我會揶揄他彈五弦琴的事；他會說美國民俗音樂藍草音樂真的很棒，懇求我試著聽聽看，他邊說邊眨眼，因為知道對一個來自芝加哥的孩子，這是不可能的事。我們會放聲大笑。我越來越有動力，對研究工作的興趣開始和他一樣濃厚。湯瑪斯很開心。我們找到了一個契合面。

當我們的關係越來越緊密，原本困擾我的那些線索，例如經常有人提及誰「很聰明」、這個系所或是這個領域中幾乎完全沒有少數族裔學生、走廊另一頭有教職員在課堂上說出「黑鬼」這個字眼、事實證明我所屬的文化不同於這個環境的主流文化等等，現在已不那麼令我困擾了。我不喜歡這些事情，但並不代表我不適合這個領域。就科學本身的層面，我的工作能力還是可以完全相信的。我的指導教授就相信了。

湯瑪斯不了解刻板印象威脅，也不太了解非裔美國人的經驗。我們相處融洽的基礎不在於此，而在於一個直接、溫和但以工作為主的關係，這個關係的作用就如同華樂莉、瑪莉和我所做實驗中的群聚效應線索（也就是環境中的少數族裔或女性的人數極多），改變了同樣情境中其他線索的意義。

多年後，一個非常有想法的研究生傑佛瑞．柯恩（Geoffrey Cohen），他的神態與湯瑪斯有幾分相似，在完全獨立作業下，設計出一個創意十足的實驗，將湯瑪斯的指導策略實際付諸實證測試。

回應的兩難：解除詮釋的窘境

傑佛瑞是社會心理學家，對於心理學理論，亦即對基本心理過程的了解，以及心理學的實際應用都很感興趣。比方說，就讀康乃爾大學時，他曾經為一個弱勢團體教育計畫工作，還修了一個學期的海外研究，專門研究英國索塞克斯（Sussex）的社會問題和政策。傑佛瑞的這一面為他帶出一個實際又戲劇化的問題：白人教師該如何給予黑人學生批評的回饋意見，才能讓學生信賴並受到激勵？

也許有人會先問：為什麼黑人學生會不相信老師的回饋意見？我們就從他們的角度來看這個情況。由於刻板印象之故，單憑身為黑人這個事實就會讓學生在詮釋老師對於課業的批評意見時，產生兩難的窘境。這個意見是依據他們課業表現的品質，或是依據有關他們所屬群體的能力的負面刻板印象？這種曖昧情況往往是黑人學生身分的一種隨因狀況。也許你不是真的相信老師的批評意見來自刻板印象，或者是你不願相信，但你就是無法輕易忽視這個可能性，那麼要完全接受這個意見就不容易了。如此一來，這個窘境可能將學生隔絕於寶貴的意見之外。該如何才能在這樣的窘境中，為學生提供有建設性的批評意見呢？為了找出答案，傑佛瑞、稍早介紹過的羅斯和我一起設計了一項實驗，在所有與我有關的實驗中這是較為費力的一次。

傑佛瑞將史丹佛的黑人與白人學生，一次一個帶進實驗室，請他們寫一篇關於他們最喜愛的老師的文章，並聲稱如果寫得夠好，會刊登在校園一份新的教學雜誌上。他們寫完之後，被告知兩天後再回來聽取關於文章的回饋意見。這段時間裡，傑佛瑞和同事確實讀了每篇文章，並訂正文法，還給予批評的回饋意見——整個實驗過程中，他們經常為了這項工作熬夜。

兩天後學生回來，看到的批評意見是三種表達方式裡的其中一種，然後說出自己有多信任這個意見，又有多大動力想改進文章。

有兩種表達方式對黑人學生不是那麼有效。試著保持中立態度沒有用，在意見開端加入大致上肯定而正面的說詞也不一定有用。黑人學生不同於白人學生，他們不信任這種形式的回饋意見，由於不信任，便沒有動力改進文章。畢竟這種形式的回饋意見有可能隱藏一些種族偏見。

但是有一種形式的回饋意見，無論對黑人或白人學生都有效。我稱之為湯瑪斯·奧斯托姆策略。給予意見的人解釋道，他是「用高標準」來評選要刊登在教學雜誌上的文章，不過在讀完這篇文章後，他相信這位學生能夠達到這些標準。這種形式的回饋意見暗示了，他的評語是為了幫助學生達到刊物的高標準。黑人學生和白人學生一樣信任這個意見，由於信任，便有了強大動力改進文章。對黑人學生而言，奧斯托姆式的回饋意見就像久旱逢甘霖，是他們似乎鮮少得到的東西，可是一旦得到了，就能恢復他們的信任和他們受批評所激勵的能力。

為什麼這種方式這麼有效？因為它解除了他們詮釋的窘境。它告訴他們，既然給予意見者用的是高標準，又相信他們能達到這個標準，就表示這個人不是用關於他們所屬群體的智能的負面刻板印象來看他們。他們可以感覺到危險少了些，一直以來深藏的動力跟著釋放出來。

看來這就是湯瑪斯對我做的事。他在嚴格要求的同時也相信我能達到這些要求，於是中斷了我對環境的憂慮敘說。別忘了，我之所以有這樣的敘說又需要像這樣被打斷，是因為我所屬群體的相關刻板印象以及學校裡的無數特點，在在反映出我不是屬於這個地方的人。我不認為我會有這種觀點是某種「精神傷害」所導致，譬如在美國的種族經驗帶來的傷害。實在是周圍情境讓我無法忽視「我不屬於這裡」的敘說，就像泰德在非裔美國人政治學課中的少數族裔地位。只不過我有而泰德沒有的就是湯瑪斯，他在這個環境中與我一起工作的態度就能改變這個敘說。

當群體的能力受到刻板印象影響，若想改善其表現，這會是一個通用的策略嗎？要回答這個問題，就得把這個策略放到真實世界中測試一下，看看它在壓力環伺、環境複雜的實際大學生活中，是否有足夠能力確實改善成績表現。[注1]

「高槓桿」干預策略：增長論與固定論

葛雷格．華頓（Greg Walton）是二〇〇〇年代初傑佛瑞在耶魯的研究所學生，如今是史丹佛的心理系教授。葛雷格和傑佛瑞一樣，是具有創意、全心投入又興趣廣泛的科學家，他的諸多興趣之一是將社會心理學觀點放到真實世界中測試，看看能否產生天搖地動的結果。

他們合力解答的問題是：現在有兩種敘說，一種可能從大學環境的線索中自然產生，對威脅抱持高度警覺，另一種則是讓人對於在此環境中的歸屬感和成功自然而然充滿希望，如果能以某種方式直接將前者替換成後者，是否就足以改善學生在大學的成就？他們設想出一個簡單的方法來找答案。

想像你是個非裔美國學生，在一所競爭激烈的大學度過艱辛的大一生活，關於你這段經驗的自我敘說差不多就像我在俄亥俄州立大學初期一樣。那個地方充斥著無數線索，諸如黑人和其他少數族裔學生不多、教職和行政人員中幾乎沒有少數族裔、民族研究課程似乎主要是為少數族裔學生而不是整體學生開設、社交生活很明顯依照種族區隔等等，讓你懷疑自己是否屬於那裡。因此，你對於情境的敘說讓你警覺到這個學校可能無法讓你成功。

然後有一天，你花不到一個小時，看了一份你以為真實存在的高年級生調查結果，其中以敘說方式概述了他們在這所學校的社交經驗。你對這份調查很感興趣，因為想看看這些跟你一樣卻只大你幾歲的學生，在學校裡有什麼樣的經歷。結果顯示高年級生在大一時跟你一樣深感挫折，甚至於更疏離學校，意思是他們覺得自己永遠不會屬於這裡，可是隨著時間過去，多虧有學校的資源和有利條件，又建立了不少長久情誼，他們終究得到了歸屬感和快樂。調查報告中的敘述讓你在大一的挫敗，看似是通往光明未來的路上一些短暫困擾罷了。再假設，你仔仔細細研究了這些調查結果之後，將其中的敘述變成你自己經驗的新敘說，這樣會不會讓你對威脅的警覺性敘說變弱，並讓你的歸屬感敘說變強，進而改善你的學業表現呢？

葛雷格和傑佛瑞為美國東北部一所大學的大一學生做了這樣的實驗，得到令人振奮的結果。受試者分為兩組，一組黑人學生看到的是我剛才描述的那一類簡短敘述干預，對照組中的黑人學生看到的則是關於政治態度而不是大學生活的調查報告，結果下一個學期，前一組學生的平均成績多進步了三分之一個等第。

這是個令人懷抱希望的結果。想想看，像這樣的敘述干預會有什麼樣的長期影響。如果能在大學初期就改善黑人學生的成績，那麼較好的成績能進一步提升學生的歸屬感，而提升後的歸屬感又能再進一步改善成績——信任的敘說促進成績表現，進步的成績又促進信任的敘說，兩者相互強化形成良性循環。截至寫作本書為止，初步的追蹤結果顯示事實或許真是如此。

幫助受刻板印象影響的學生找到敘說方式來詮釋他們的學校經驗，這也許是一種

「高槓桿」的干預策略，而且可能有多種做法。一九九〇年代初期，我和同事史蒂芬、尼茲彼、瑪麗．哈默（Mary Hummel）、肯特．哈波（Kent Harber），在密西根大學做的一項研究，提供了一個例子，以大不相同的方法來影響敘說。在一個以宿舍為據點的學術計畫中，我們辦了一系列夜談會，讓一群不超過十五人的學生談論關於個人的話題，例如與父母家人的關係、友情和戀愛的煩惱、上課的經驗、男女社團活動等等。每次參加的黑人學生總是只有寥寥數人，反映出這所學校的人口統計特色。不過他們的收穫卻是最大，比起隨機分配到沒有提供這些夜談會的控制組的黑人學生，他們的成績進步了三分之一個等第，而且十分接近白人學生的平均成績，包括實驗組與對照組的白人學生。

為什麼呢？夜談會顯然提供了黑人學生所需的資訊，讓他們對自己的經驗有較正確和信任的敘說。大學生活中依種族區隔的交友圈，意味著談論私人話題時，多半是黑人與黑人談，白人與白人談。因此黑人學生或許無法得知白人學生有和他們類似的問題。由於不知道這一點，加上環境中有更廣泛的線索讓他們對種族差異的警覺性升高，便可能認為種族在自己的經驗裡扮演著更重要的角色，因而會對經驗中的種族問題更加提高警覺。夜談會糾正了這個現象。這些交談披露了，考試成績不如預期、助教或同學沒有回電、與另一個同學不友善的互動、長期缺錢等等大學生活的壓力，每個人都可能會有，不分種族。這個事實改變了黑人學生的敘說，讓他們在詮釋經驗時，不再那麼注重種族身分，也提升了他們對大學環境的信任。一旦敘說所需的警覺性降低，便能為學業騰出更多心力和動力，因此這個計畫中的黑人學生成績就進步了。

受能力刻板印象影響的學生若能改變學業方面的敘說，實際的成績就能進步。幾年前約書亞、凱莉・弗萊德（Carrie Fried）和凱瑟琳・古德做了一個充滿巧思的研究，以另一種方式闡述這個主張。他們以細膩的方式教導史丹佛的黑人與白人學生一種更開放的、關於智力的敘說，希望藉此降低刻板印象威脅的影響。這個想法來自於史丹佛心理學家卡蘿・杜維克（Carol Dweck）和學生所做的研究，主題是個人對能力的看法會如何影響他迎接學校、工作、運動的挑戰的可能性。卡蘿和學生特別著重兩個理論：一是「增長」論，主張迎接挑戰的能力是可以學習並增長擴展的；另一個是「固定」論，主張能力是固定的，無法有意義地擴展，卻能限制一個人的機能運作，亦即許多人對智力所抱持的「全有或全無」觀點。以下是卡蘿對自己六年級班級的描述：

我們老師好像把智商和價值畫上等號，依照智商高低的順序為我們安排座位。如果你智商不高，她不會讓你清理板擦、擔任集會的旗手或是給校長傳話……智商較低的學生感覺很差，而智商較高的學生則是擔心再考一次智商測驗會讓他們失去原有的地位。這種氣氛可無法助長……努力的意願。

當你所屬群體的智能受到刻板印象控訴，就暗示著你身為那個群體的一員，和卡蘿六年級那一班的低智商學生一樣，缺乏一種重要的固定能力。這樣的敘說使得任何挫折都可能象徵你無法勝任這項工作、你不屬於這裡，也會讓你提不起勇氣接受學業的挑戰，唯恐自己會印證刻板印象中的固定缺陷。

約書亞、凱莉和凱瑟琳提出的問題是：如果給學生一個智力能夠大幅提升的敘說，是否就能降低刻板印象威脅的影響？這樣的敘說會將學業上的挫折框限為可以解決的問題，而不是無法解決的弱點，如此也會降低學生印證刻板印象的風險。

他們想出一個聰明的施行方法。他們請史丹佛的黑人與白人學生寫信，聲稱是寫給加州東帕羅奧圖的少數族裔小學生，宣導人類智力得以提升的觀點。受試者會拿到一些資訊，記錄了提升人類智力的可能性：關於學習本質、關於大腦如何隨著學習和經驗變化，以及在培養心智技能方面突飛猛進的真人實證等等資訊。當然，寫信的同時也讓他們有機會徹底吸收這個敘說的訊息。史丹佛的白人學生在這個領域中並未受到負面刻板印象影響，寫信對他們後續的成績表現亦無影響。然而，黑人學生活在關於能力的負面刻板印象的疑慮中，敘說的改變使得他們下一學期的成績進步了三分之一個等第。

有時候，可以使面對身分威脅的人得到一些資訊，讓他們能對自己的環境有較正確、較有希望的個人敘說。從這些有趣的實驗看來，若能做到這點，就能在真實的大學裡改善學生的學業表現，讓他們的成就轉換到截然不同的軌道。

威脅一視同仁：刻板印象對孩童的影響

不過，這個研究的對象依然是申請到一流學府的高材生。降低身分威脅是否有助於提升基礎教育中受到能力烙印影響的學生？很幸運地，對於這個問題，我們已經有幾個答案。

但首先還有一個更基本的問題：年幼孩童的心思是否已經細膩到能夠感受刻板印象威脅？他們是否能理解可能因為自己是女孩或黑人，而承受負面的刻板印象？

其實對於這一點，我已經舉過例證。還記得心理學家安巴迪嗎？她在波士頓測試了刻板印象威脅對年輕亞洲女孩的數學表現有何影響，而在她的研究中，年紀最輕的一組女孩介於五歲至七歲。她讓所有受試者做適合其年齡的數學測驗。測驗前，受試者要先為畫著色，其中一部分人著色的畫中是一個與她們年齡相仿的女孩抱著一個洋娃娃，以此喚起她們與性別相關的意象。另外一部分人著色的畫則是風景畫，或是亞洲小孩拿筷子吃飯的畫。結果在五歲至七歲組，為洋娃娃著色的女孩比為風景畫或為亞洲小孩著色的女孩，成績差了許多。這就很清楚了。即使是五歲至七歲的小女孩，就算只是女孩抱著洋娃娃的尋常畫作如此微小的線索，也能讓她們的數學表現大受影響。她們似乎能感覺到在數學領域中，自己的群體是如何被看待的。

此外，兩名義大利研究者芭芭拉．穆札蒂（Barbara Muzzatti）和法蘭卡．阿紐麗（Franca Agnoli）發現，類似的偶發線索（在課堂上不經意提到高等數學領域向來由男性主導）便足以損害一群義大利十歲女孩的數學表現。最後，約翰納・凱勒（Johannes Keller）和同事也發現，刻板印象威脅讓德國的六年級女生的數學表現受挫。

諸如此類的證據顯示，年幼孩童的心理發展似乎已足以感受到刻板印象威脅，至少五、六歲就可以了。和成人一樣，他們在刻板印象相關領域中的表現會變差。刻板印象有能力做到這點，就表示它的影響可能在一生中不斷累積，譬如在女性尚未有機會投身數學領域，就讓她們對數學失去興趣。而它能有多大影響（或者說這壓力有多大），似乎和成人的情形一樣，端視環境中有多少線索能喚起刻板印象的意象。[注2]

不過還有一個更強有力的方法，可以測試身分威脅如何讓基礎教育的學生在測驗成績上，出現種族、性別和階級的差異。這個方法與較高等教育的測試方法一樣，就是利用干預研究來進行。你實際進入學校，為那些受刻板印象影響的學生做一件你認為能降低身分威脅的事，亦即進行干預。如果沒有任何變化，而你的干預又做得很好，也試過好幾次，那麼在這個環境中，身分威脅很可能不是造成這些差異的重要原因。但假如你做的事使得差異變小，就可以知道在這個環境中，身分威脅是造成這些差異的主因，也知道了一個特定方法能縮小這些差異。我先前已介紹過的幾個人：傑佛瑞、約書亞、凱瑟琳和卡蘿，以及我即將介紹的胡立歐．賈西亞（Julio Garcia）測試了這項策略，他們對基礎教育的學生進行一系列具啟發性、嚴謹但偶爾尖刻的干預研究，我認為這是一次不同凡響的科學轉折。

自我肯定：反思自己價值觀的寫作練習

傑佛瑞和胡立歐是我初到史丹佛時的社會心理學系研究生。傑佛瑞已經上場過，胡立歐還沒有。他是墨西哥裔美國人，在加州沙加緬度長大，出身中產階級家庭，在墨西哥有一座酪梨農場。他無論在美國或墨西哥都能展現當地人的自在，並具有心理學家研究人性的熱忱。傑佛瑞和胡立歐離開史丹佛後，積極展開研究生涯，後來重逢，經過一連幾次的交談，他們想到一個基礎教育的干預計畫，兩人既興奮又憂慮。

他們的想法是基於自我肯定理論，而這個理論如我先前所說，是我在一九八〇年代和較早期的研究生一起發展出來的。理論假設人類有一種基本動力認為自己是好的、有能力的，亦即「有適當的道德和適應力」。當這個認知受到威脅，可能因為某些事件，或是其他人對我們的評斷，或甚至是因為行為未達自己的標準，我們會極力修補那個好的形象。如果實際的矯正失敗或是無法落實，我們會試著合理化，會重新解釋自己的行為或是其他事件，以期製造一個有能力和道德的自我形象。

關於這個過程最具說服力的證據是，一個人受到自我形象威脅後，例如讓他知道他在某件要事上自相矛盾，可以給他機會讓他退一步、深呼吸、確認一個更大更有價值的自我感覺，以此代替他補救形象的合理化行為。而這個退一步的機會，我們便稱為「自我肯定」。對照這個更大的完整自我形象，那特定的挑釁威脅看起來變小了，不那麼證據確鑿，當事人也比較不覺得有必要找藉口合理化。

傑佛瑞和胡立歐主張身分威脅就像這個理論所說的自我形象威脅，主要威脅到的是學生對於自己有無適當的道德和適應力的感覺。教室裡的線索，像是你所屬的少數族裔群體可能受到輕視、你所屬群體的負面刻板印象經常影響到你參與教室裡的重要活動、以群體為基礎的社會組織暗示了你被邊緣化等等，有可能持續威脅你所認知的完整自我。他們正是假設身分威脅會在真實課堂上產生這種影響，持續不斷地擾亂一個人對自己的能力和歸屬的感覺。

因此他們有了這個想法：如果只是給那些受能力刻板印象影響的學生一個機會，讓他們在環境中找到一個自我肯定的敘說，是否就能減少他們在教室裡感受到的威脅？如果可以的話，是否能改善他們的表現？傑佛瑞和胡立歐喜歡這個想法，理論上說得通。如果行得通，也會有巨大的實用價值，因為它提供了可以廣泛利用又不昂貴的方法來幫助縮小少數族裔的成就差異。

但真能行得通嗎？少數族裔的成就差異是那麼根深蒂固，真能受到這麼短暫的東西影響？會這麼想主要得歸咎於理論。我強調過，少數族裔學生的成就差距有許多原因，從社會經濟方面的劣勢和破碎家庭到無法提供支持的次文化等等，而且許多學校的大規模改革都失敗，甚至無法拉近一丁點的距離，即使一開始有所改善也無法持續。那麼，我們能奢望一個簡單的自我肯定就縮小這些差距嗎？這是傑佛瑞和胡立歐擔心的事。

但他們沒有因此放棄嘗試。於是他們與先前介紹過的華樂莉，以及傑佛瑞的兩名學生南西・阿普弗（Nancy Apfel）和艾莉森・麥斯特（Allison Master）聯手驗證這個想法，對象是康乃狄克州哈特福（Hartford）附近幾個種族隔離的七年級班級。學年即將開始之前，他們請老師發給班上每個學生一只寫了姓名的信封。信封內的指令要求（隨機選出的）一半學生寫下兩三項他們最重視的價值（例如家人關係、友情、音樂專長或宗教信仰），並且簡單寫一段文字說明為何重視這些價值——也就是將這些價值觀陳述以個人敘說的形式表達出來。過程大約只花十五分鐘。寫完之後，他們將資料放回信封交給老師。在後續幾個學期中，他們又做了幾次類似的追蹤寫作練習。如此而已。

同班級的其他學生（對照組）做同樣的事，只不過指令要求他們寫下自己最不重視的價值，並解釋為什麼其他人會覺得這些重要。這些學生有機會思考價值觀，卻沒有機會肯定任何相關的自我敘說。簡單的自我肯定能夠影響學校的表現嗎？

可以，而且影響驚人。開學後的前三週，除了成績最好的黑人學生之外，所有人都因為做了肯定練習而成績進步。原本成績最差的學生進步最多，而且不只是在做肯定練習的課堂，在其他課堂一樣有進步。其他的評量還顯示了，肯定練習甚至讓他們整個學期都不再那麼常想到種族刻板印象。至於對照組黑人學生的結果，也就是那些沒有做價值肯定的人，揭露了肯定練習對於縮小差距的作用。本來可能下滑的成績，被這個練習阻止了。未做肯定練習的對照組學生成績持續退步，使得整個學期下來，這些班級的種族成績差距越拉越大。做了肯定練習的學生，退步的現象若非完全停止就是慢了下來。

因此整個學期，他們與白人學生的差距縮小了百分之四十。同樣驚人的是，追蹤研究顯示他們成績變好，與白人學生的差距縮小的情形，至少持續了兩年。

（在這個研究中，自我肯定對白人學生沒有幫助。研究者如此解釋：「我們……預期這個干預能改善所有群體的表現，只要群體成員感受到的威脅夠全面夠強烈，足以妨礙整個群體的平均表現。」他們接著又說，但是在這個班級，白人群體並未因為身分而感受威脅。若是在充斥著黑人球員的頂尖籃球營，他們或許會感覺到這種「全面而強烈」的身分威脅，但在班級裡不會，因為他們是多數。因此雖然肯定練習有移除這個威脅的顯著力量，卻對他們的平均成績起不了太大作用。）

許多人對這些研究結果感到驚奇，也許甚至到懷疑的地步。他們可能會說，沒錯，利用十五分鐘的寫作反思自我定義的價值觀，這或許是好事，但怎麼可能只憑這點就讓這些班級的少數族裔學生成績進步？尤其以前做過那麼多努力都失敗。而且那個影響怎麼可能持續超過兩年？

這種研究結果是懷疑論者的最愛。如果你是發現結果的科學家，你真正能做的只是重複驗證——正因如此，傑佛瑞、胡立歐、華樂莉和他們的學生已經在科羅拉多州波德

（Boulder）附近，針對拉丁裔美國人又做了一次相同實驗。然而，這個複製實驗招來更多人對這項干預如何運作提出質疑。

研究者分兩個部分提出解釋。第一部分是自我肯定的想法。藉由寫作練習，擴大了學生對能力和價值的感覺，學期初較差的成績和教室裡其他身分威脅的線索變得不再那麼重要。於是學生的警覺性降低，釋放出心理資源，進而改善了表現。

第二部分的解釋是，成績進步打斷了原本可能惡性循環的過程，這個過程在對照組的黑人學生當中異常明顯。少了肯定練習，學期初的挫折和環境中帶威脅的線索讓他們更加憂慮，導致成績變差，他們因而更憂慮，終致成績全面下滑。研究者的說法是：

> 受刻板印象影響的非裔美國人對於早期的失敗更顯脆弱（我要補充一點，他們對其他身分威脅的線索也很脆弱）。對他們來說，早期的失敗可能印證了他們在學校能否有傑出表現，刻板印象的確是一項穩定而全面的指標。這個時候，肯定練習利用完整的自我支撐起來，維持他們的適切感，並將早期較差的表現影響到後來的表現和心理狀態這個惡性循環打斷了。（頁四〇三）

假如本書有什麼啟示，那就是持續的研究會讓真理越來越明。肯定計畫的過程必然也會是如此。社會心理學家所謂的肯定效應的「調節變項」無疑會出現，若沒有這些因素，肯定練習對少數族裔學生成績的有利影響就不會發生。舉例來說，在好的學校、好的指導下，肯定練習也許能幫助提升成績，但是在較差的學校、較差的指導下可能無效。研究者強調他們的干預能夠成功，仰賴的是這些學校提供了良好指導和充足的資源。他們表示，降低身分威脅只是增加了黑人學生獲得指導的機會。假如在這些學校得不到高品質教育，肯定練習恐怕成效有限。又或者，在比較容易感受到身分威脅的融合學校，肯定練習也許有助於提升成績，但在身分同質性高的學校，比較不容易感受到身分威脅，肯定練習的效果可能相對較小。我好奇的是，比方說女校或少數族裔和低收入階級學校，幾乎所有人的身分都受到能力刻板印象影響，會是什麼情形。在這樣的學校裡，受刻板印象影響的學生可能覺得比較不會受批判、不會被人以刻板印象對待。（詳見頁二〇六注解。）

話雖如此，目前的研究結果還是指出了一個重點：對少數族裔學生進行心理干預，讓他們對自己群體能力的負面刻板印象不至於太敏感，就能大幅度且長期地改善他們實際在學校中的表現。身分威脅並不是只發生在測驗上的短暫威脅，而是一種隱形的威脅，能夠靠著各種日常的挫敗和環境線索壯大，破壞性也會隨著時間越來越強。對照組黑人學生的命運證明了在真實生活中，這些「社會心理」壓力有多麼深沉。對於這些研究中的融合學校而言，身分威脅的隱形影響可能是種族成就差距的主要原因，因此降低這個威脅成了解決問題必要的一部分。

如果將傑佛瑞、胡立歐、華樂莉和同事的干預視為證據，證明了僅僅只是降低身分威脅就能改善受能力刻板印象影響的學生的表現，甚至能改善很長一段時間，那麼你或許會想知道是否還有其他的實際方法可以做到。

很幸運地，確實有。

凱瑟琳和約書亞測試了卡蘿式的指導，亦即助長「能力得以擴展」的觀點，能否藉由降低學校裡刻板印象威脅的影響，提升那些受能力刻板印象影響的學生的成績和考試分數。他們從德州一所鄉下中學剛入學的低收入和少數族裔學生中隨機抽樣，並為每個學生分配一位大學生，幫他們輔導一年的課業，這期間除了見面兩次，還會經常以電子郵件通信。其中一組受試者的輔導員強調智力的擴展性，例如經常解釋大腦在學習新事物時會有新的神經連結，或是讓他們上某個限定網站，看一個人試著解難題的時候，樹突細胞增長的圖示。另一組受試者從事類似活動，但強調的重點在預防藥物濫用，而不是智力的擴展性。

哪一組表現較好呢？

學年末，他們接受了德州學術技能評量（Texas Assessment of Academic Skills）。在閱讀部分，輔導員強調智力擴展性的那一組男女生，成績都比強調預防藥物濫用的那一組好得多。不過受「智力可擴展」的訊息影響最大的，是女生的數學部分——她們可能會在這個部分的測驗感受到最大的刻板印象威脅。輔導重點放在預防藥物濫用的那組學生當中，女生的數學分數遠低於男生，這個結果重現了數學表現上典型的性別差異。但是重點放在智力擴展性的學生中，女生的數學表現和男生一樣，這個結果完全消除了男女生在測驗中常見的差異。

有效提升的策略：獨特的教學法

這些研究顯示肯定的思維、增長的心態等等，可以引導基礎教育中受能力刻板印象影響的學生，讓他們的自我敘說消滅掉環境線索的威脅意義，就像我在俄亥俄州立大學時一樣。也許有人會問，像是我的妻子桃樂絲・史提爾博士（Dr. Dorothy Steele），有些老師比其他同事更善於面對受能力刻板印象影響的學生，如果研究這些老師的行為，是否就能發現更多技巧？他們的做法是否能揭示某種創造「身分安全感」並改善成績的策略？最後她說服了幾個人來幫她研究這個問題，包括傑出的社會心理學家暨現代文化心理學先驅海瑟・馬庫斯（Hazel Markus）、先前介紹過的保羅・戴維斯、這個計畫開始時正好在史丹佛擔任訪問學者的埃默里大學（Emory University）受尊敬的教育社會學家亞曼達・路易斯（Amanda Lewis）、一流的研究經理人法蘭西斯・格林（Francis Green），還有我，而研究的對象是加州里奇蒙（Richmond）的小學班級。這些班上的學生大多有一個以上受能力刻板印象影響的身分，學生種族的明確比例為百分之三十三的拉丁裔、百分之三十二的非裔美國人、百分之十七的白人和百分之十二的亞裔（還有百分之六的其他族裔），而且絕大多數來自低收入家庭。

研究計畫很簡單：我們觀察老師的上課情形，盡可能評量他們的教學方法和課堂文化的特色，然後找出哪些教學法和特色能讓學生有更多身分安全感，並且在學年末的標準化測驗中表現得更好。

負責觀察的人員經過特別訓練，但並不知道關於身分認同安全性的訊息。他們在里奇蒙十三所小學、八十四個班級，觀察了三年級和五年級的老師。一學年當中，每個老師會被觀察三次，並根據各種量表評分，例如「與學生的關係的正向程度」、「以學生為中心的課堂決策」、「高期許與要求嚴格課業的表現」、「對於基礎技能的強調程度」、「教學技巧」和「老師的管束力」等等共十九項。

最後出現了一整套獨特的教學法和課堂特色，不但培養出身分認同的安全感，也讓學生在學年末考試的成績進步，而且五年級生受到的影響比三年級生略大。不過兩個年級的評量結果是一樣的：與學生保持正向關係；教學比較以學童為中心；利用學生的多元性做為課堂資源，而非遵守嚴格的「色盲」政策；教學技巧、熱情、易親近等等。有趣的是，在這些學校，強調基本技能、由上而下的決策方式，效果並不好。以桃樂絲的話來說，令人感到身分安全的有效教學法「會避開可能讓學生具體感受到刻板印象威脅的線索，轉而試著讓班上每個人覺得……無論自己屬於哪個族群或性別……同樣受重視並能有所貢獻」。

可以做得更多：降低威脅與獲取知識並進

因此到目前為止，陸陸續續的研究結果顯示，降低身分威脅或其影響，能改善受刻板印象影響的學生的課業表現，對基礎教育的融合學校學生像對大學生一樣有效，效果可觀、可靠，通常也能持久。至於干預方法本身成本低，而且相當容易執行。這些方法有一個清楚明白的一致原則，就是對於自己在求學環境中受刻板印象影響的敏感度，建立一個能減少威脅的敘說。雖然沒有發展出一體適用的單一策略，這個研究仍提供了一整套的可行策略，包括：透過嚴格但給予支持的關係建立信任感、建立充滿希望的環境歸屬感敘說、組織非正式的跨群體對談來披露身分並非一個人在環境中遭遇負面經驗的唯一原因、讓學生知道重要的能力是可以學習的、運用以學童為中心的教學技巧。未來幾年還會有更多發現，但是目前所知已能夠在許多重要地方，為許多人帶來影響一生的改變。

但可能還是有人會問，若想幫助學校裡那些技能和知識遠不如其他人的學生，仍應該以降低身分威脅為主要方法嗎？校方有時候會承認，有些學生極具潛力，只是缺乏其他同學的教育背景。單憑降低身分威脅就足以幫助這些學生嗎？

我的答案是不能。降低身分威脅不足以克服實際上技能和知識的缺乏。要讓這個方法有效，學生必須有機會獲取相關的技能和知識。他們需要好的指導和專心學習重要教材的機會，有時候可能需要很長一段時間。但是對於受能力刻板印象影響的學生來說，降低身分威脅與技能和知識教育一樣重要，或許並不充分，但卻是必要。也就是說，無論給予多少教導，無論教得多好，若不能同時減低身分威脅，就無法彌補他們的不足，因為威脅總會最先占用學生的注意力和心理資源。所以說，無論哪種方式，提供教育機會或降低身分威脅，都無法獨力改善學業表現，尤其是受能力刻板印象影響的學生。必須兩者並進。

話雖如此，干預研究仍讓我們學到意義深遠的一課：儘管群體表現欠佳的問題可能根植於難以改變的背景因素，例如社會經濟方面的劣勢、較難獲得好的求學機會、缺乏父母支持、不常參與社交活動以至於無法及時培養重要技能和文化資本、有歷史淵源的性別角色社會化模式等等，但若能在發生這些問題的環境中補救引發問題的直接原因，情況就能大為改善。心臟病同樣有難以改變的背景因素，例如遺傳病史、長期的飲食和運動習慣、抽菸、生活壓力等等，然而藉由藥物和手術能大大降低心臟病發的機率。醫生的做法不是去對抗心臟病的背景因素，而是治療最直接的病因：阻塞的冠狀動脈。我在俄亥俄州立大學初期，有許多難以改變的背景因素導致我苦惱不已：不同的種族和社會階級背景、缺乏其他少數族裔學生造就群聚效應等等。這些事情要不是無法改變，就是無法輕易改變，所以你可能會認為我已無計可施。看起來，與指導教授建立信任關係，尤其又是白人指導教授，不會有什麼幫助，不會解決造成我煩惱的原因。但重點是，這麼做也許能讓煩惱本身減少。[注3]

除了這個希望之外，本章提到的研究還提供了兩個降低身分威脅的策略。第一，既然得知環境中有一些線索暗示著可能具有威脅性的身分隨因狀況，而這些線索正是威脅感的來源，你可以盡力試著消除這些真實的隨因狀況和暗示這些狀況的線索。你可以去留意環境的特色如何影響人，然後加以改變，以免某些群體受到不利影響。以我造訪過的那家矽谷新創公司來說，為了少數幾個四十歲以上的員工著想，或許播放的音樂不一定全得是二十五歲以下的人喜愛的獨立搖滾和嘻哈。為了大學裡的少數族裔學生著想，或許被視為「核心」的課程（因此也是對所有學生具有基本價值的課程）可以涵蓋一些教材，深入反映美國社會各族群的歷史和前景。

其次，干預研究顯示，當已經無法再進一步改變環境中與身分相關的線索及隨因狀況，那麼幫助人了解他們在這個環境中確實安全無虞，就變得無比重要——就學術上而言。干預研究展示了一些有趣的做法，希望這些做法能帶來啟發。

難以控制的怪象：被低估的潛力

干預研究是為了驗證：降低刻板印象威脅或是對此威脅的主觀感受，能不能提升真實生活中的成績？然而隨著研究數量增加，葛雷格和史蒂芬發現這些研究也能用來檢視另外兩個問題：一是受刻板印象影響的學生實際在學校裡表現欠佳，刻板印象威脅是不是主因？[注4]二是傳統的學業潛力評量法（例如ＳＡＴ）可不可能低估了受刻板印象影響的學生的潛力，至少在某些情況下？處理這兩個問題讓本書中的研究兜了一大圈後回到原地——因為啟動這項研究的正是少數族裔學生表現欠佳之謎。葛雷格和史蒂芬發現回答這兩個問題可以簡化成在兩個情節中做選擇，看看身分威脅如何影響早期的測驗表現和後期的學期成績（通常與早期表現相符）。

兩個情節的事件相同。想像你是正在申請大學的黑人高中生，考了ＳＡＴ，成績不如預期，但因為分數還不差又有其他強項，因此還是申請到優秀的大學。然而上了大學，你的成績再次不如預期，甚至比ＳＡＴ所預測的表現還差，也就等於比其他ＳＡＴ分數相當的學生還差。換句話說，你在大學的表現失常。事件是一樣的，但兩個情節的差別在於事件起因的詮釋。

情節一，刻板印象威脅對你早期的測驗表現或後期的大學成績等第影響不大。先前的測驗（或是先前的成績等第）能有效評估所有身分的人的潛力。個人與群體在該測驗表現中的差異，應該反映出了個人與群體在根本學術技能和知識上的差異。而一個群體在大學裡可能表現欠佳的原因，應該和其成員缺乏動力有關。

情節二，你的早期測驗表現和大學成績等第都會因為刻板印象威脅而變差。因此早期的測驗表現低估了你的實力，不一定是測驗內容有偏差，而是因為測驗時受到刻板印象威脅的干擾壓力。在這個情節中，當你上了大學，大學環境中的身分威脅不斷升高，使得你的表現甚至比先前測驗的預測還要差，而那個預測還低估了你的實力呢。

哪個情節才是正確的呢？

情節一有黑人學生表現欠佳的事實為證。如果早期測驗（如ＳＡＴ）因為刻板印象威脅低估了你的實力，那麼你真正的潛力應該能在後來的課程中發揮出來，也就是你後來的成績表現應該會比那些未受刻板印象影響、ＳＡＴ分數與你相同的學生來得好。但事實並非如此。如你所知，黑人學生的表現欠佳顯示他們後續的成績通常不會比未受刻板印象影響且ＳＡＴ分數相同的學生好，反而比較差。因此在情節一，早期的測驗，亦即本例中的ＳＡＴ，並沒有低估你的潛力。真要說的話，它還高估了你的潛力，因為你的成績從未達到它預測的水準。

葛雷格和史蒂芬發覺到其實可以利用實證方式檢測哪個情節正確，至少可以利用參與這個為了降低刻板印象威脅而設計的干預研究的學生。只須請這些學生提供他們早期的測驗分數與他們參與研究計畫期間的大學成績即可。

如果參與干預研究計畫期間，受刻板印象影響的學生後續成績比未受刻板印象影響的學生好，情節二便獲得了證實。舉例來說，假如緩解大學裡的刻板印象威脅後，受刻板印象影響的學生「表現奇佳」，勝過未受刻板印象影響的學生，就意味著他們在較傳統的大學環境裡表現欠佳的原因，有可能是那些環境的刻板印象威脅所致。同時暗示了早期的實力測驗，例如ＳＡＴ，低估了他們真正的潛力，因為在稍後的大學環境裡，一旦刻板印象威脅降低，他們便取得高於測驗所預測的成績——例如，成績高於未受刻板印象影響且ＳＡＴ分數相同的學生。

但假如研究計畫已經降低學校裡的刻板印象威脅，而計畫中受刻板印象影響的學生成績仍持續不如未受影響的學生，那就表示刻板印象威脅對他們的在校成績和較早的測驗表現都沒有影響，也就是情節一正確。

明確的測試隨即上場。

葛雷格和史蒂芬蒐集了幾項干預研究的資料，以便取得受試者先前的測驗分數或先前的成績等第（做為非測驗評量以預測後來的學校表現），以及他們在研究期間的後續成績表現。這些研究包括：葛雷格和傑佛瑞在東北部大學的研究；傑佛瑞、胡立歐、華樂莉和學生在紐哈芬（New Haven）及波德的研究所做的研究；還有我和同事在密西根大學做的研究。

結果很明確，情節二獲勝。在這些干預措施下，受刻板印象影響的學生的後續成績，始終比先前測驗分數或成績表現相同但未受刻板印象影響的學生**更好**。他們不只沒有表現欠佳，還「表現奇佳」。

從事科學的人一定要謹慎。這些干預措施除了降低刻板印象威脅之外，也許還有其他效果，才會讓受刻板印象影響的學生表現如此好。我想不出會是什麼效果，總之這效果肯定無法完整解釋所有的結果。當然，進一步的研究將會更深入。

但既然提到了謹慎，關於這些研究結果，倒是有幾件事特別令人印象深刻。雖然這些干預微不足道，影響卻很驚人。我們可以看到，至少在這些樣本中，即使只是試著做一些微不足道的事來降低這個威脅，便將少數族裔學生一向表現欠佳的模式完全去除，明顯指出這種表現欠佳的現象是刻板印象威脅所導致。研究結果也暗示了，為了預測後來的表現所做的早期潛力評量（例如大學生干預研究中的ＳＡＴ，以及傑佛瑞、胡立歐和華樂莉的中學生干預研究中使用的先前成績），本身就有偏誤；也就是說，刻板印象威脅壓抑了受刻板印象影響的學生在這些評量中的表現，以至於這些評量結果低估了受刻板印象影響的學生的潛力——當這個威脅在後來的學校環境中降低後，他們的潛力便顯現出來了。[注5]這些結果不是短期的發現。葛雷格和史蒂芬的分析研究包括了基礎教育階段和大學階段各個年齡層的學生、好幾個降低刻板印象威脅的不同策略，以及總數高達數百人的學生受試者。研究結果顯示刻板印象威脅是一種身分隨因狀況，對於受能力刻板印象影響的整個群體的智能發展有長期累積的影響。結果也告訴我們該怎麼做，告訴我們可以改變環境，讓受能力刻板印象影響的學生可以毫無負擔地專心學業，充分發揮潛力。

這趟研究之旅已走了很久，接下來還有漫長的路要走，但如今已建立一個里程碑。有大量證據強烈顯示，表現欠佳的現象如果不是對某群體在成績表現上的歧視所致，就可能是刻板印象和身分威脅以及這些威脅導致的干預反應造成的。證據還顯示，在一般考試條件下，用來評量學生後續求學潛力的測驗，有可能低估受刻板印象影響的學生的真正潛力。這個影響很難辨識，因為這些學生的後續成績表現也會受到刻板印象威脅抑制，而這次的威脅就在求學環境本身。少數族裔學生表現欠佳已是美國社會中見怪不怪的現象，這些威脅會導致這樣的現象，就表示威脅已經像雜草一樣普遍，也幾乎一樣難以控制。

不過，這個研究還是帶來一絲希望。如果想要克服表現欠佳的情形，如果想為許多受刻板印象影響的學生開啟學習和光明前途的大門，除了注重技能和知識之外，還應該致力於降低學校、課堂、職場，甚至於籃球場上的這些威脅。應該要致力於讓身分不那麼「不便」。而干預研究的這個第一階段是個好的開始，讓我們知道該從何著手。

但要真正實踐，我們必須團結一致，跨越身分界線。我們必須建立融和的環境來改善環境。可是要做到這一點，我們可能都還得克服另一個形式的身分威脅。如果忽視這個形式，我們對於這些威脅過程在較大社會中扮演什麼角色的理解就不完整，因此這個形式是我們接下來的研究重點。

注釋

1 其實寫到這裡，我彷彿可以聽到有人大聲抗議。如果有件事情可能會真的造成威脅，卻說服一個人不去擔心，這樣真的好嗎？萬一將來有人以刻板印象看待他，他難道不會措手不及？這是少數族裔家長面對的兩難。究竟是要向孩子強調歧視的威脅，使得他們可能因為太警覺和焦慮，而無法在學校等重要場合感到自在？或是要降低這種威脅感，導致他們一旦面臨歧視，可能過度脆弱而不堪一擊？確實很難做出正確的選擇。減少一個人在環境中看到的威脅，有可能誤導他，讓他產生過度的信任。但也許值得冒這個險。我這麼說是因為從本書的核心訊息看來，很難相信在對環境缺乏信任之下，湯瑪斯為我帶來的那種信任，學習、成就和表現能臻於完美。本書介紹的研究中有一個重要發現，那就是人對於威脅的反應，諸如對環境的警覺性、反芻思考、脫離等等，代價不小。這些反應會將心理和動力資源從眼前的學習與表現轉移開來。因此，儘管知道偏見的經驗可能十分傷人，尤其是在沒有心理準備的情況下，但是偏見所引發的不信任和脫離心態有可能造成學習受阻、表現欠佳，卻是更大的威脅。擔心被貶低的傷害恐怕並不亞於被貶低的事實本身。如果無論如何都得犯錯，那麼根據我們這些年的研究，我寧可選擇激發更大信任感的方向，而不是更高警覺性的方向。

2 學生在學校感受到多大的刻板印象威脅，端視學校裡有多少線索能喚起威脅感，這個想法有一個有趣的暗示：在身分隔離的學校，大部分學生都有受到刻板印象影響的相同身分，這個威脅反而可能變小——就數學刻板印象而言，在女校或女生班級的威脅可能較小；或者就種族和階級的刻板印象而言，在幾乎全是低收入、少數族裔學生的學校，威脅可能較小。原因是在這樣的學校裡，每個人的身分都一樣，因此能讓學生覺得較安全，不會受到關於他們所屬群體的負面刻板印象批判。但不能保證絕對安全。環境裡的其他線索，諸如牆上的圖片、那個身分在教材中的代表程度、老師的期許和支持等等，還是可能造成身分威脅，即使在身分隔離的環境中也不例外。而且我不提倡單一身分的學校或班級。這種策略可能會有一些缺點，例如在這種環境中求學的學生，後來進到較多身分融合的環境能有多好的發展？我們的研究最主要還是希望能讓所有學生在身分融合的環境裡，對自己的身分有安全感。但是原則上，一項策略即使無法普遍通用，卻可能適用於某些特定情況，因此我要特別指出在身分隔離的環境中，身分威脅有可能大為降低。

3 這些研究結果證明了，在縮小成就差距方面，學校可望能做得更多。誠如詹姆斯·赫克曼（James Heckman）和同事最近所寫：「柯爾曼報告書（Coleman Report）與近期研究……顯示學生表現不均衡的主要原因在於家庭而非學校。三年級之前，來自不同社經群體的學生考試成績差距隨著年齡穩定變化，這表示後來的求學狀況和教學品質的變化，對於縮小或加大學生入學前便已存在的差距，影響極小。」（頁一九〇一）當然，他們說的可能沒錯。

但也可能不完全對。赫克曼觀點的基本分析很合理。他們選擇了與學校品質相關的典型因素，諸如每生分攤經費、每班學生人數和老師教育程度，然後去檢視這些因素方面的社會階級和種族差異，例如中產階級學童可能會上小班制的學校，是否會真正造成學校表現和考試成績方面的社會階級和種族差異。當他們發現無此影響，例如他們發現即使黑人學生在人數較少的班級上課、擁有較好的師資、分配到更多經費，考試成績的種族差異依然存在，不得不做此結論：學校品質上的種族差距並不會導致考試成績上的種族差距，肯定另有原因。既然打從孩子一入學就有這些差距，學校教育還沒有機會影響他們的技能，那麼原因想必就是不同群體在養育孩子方面的差異了。因此他們才會認為導致這些差距的原因，教育品質不如家庭重要。這個合理，但問題是：如果學校教育中確實有一部分造成這些差距，但研究者卻不知道，也沒有加以評量呢？如果沒有評量這樣的因素，反而評量不會造成差距的因素，他們的分析可能得到「學校品質不重要」的錯誤結論，事實上他們的研究顯示的是他們評量的那部分學校品質不重要。但也許有另一個層面的學校品質十分重要，而且影響巨大。

從干預研究可以看出，另一個層面的學校品質有可能是學校教育的氛圍、教學型態或能建立信任環境的敘說的人際關係。這些研究顯示，當受能力刻板印象影響的學生所感受的威脅變小，表現就會提升，接下來好的表現能使學生免受更多的身分威脅，進而表現得更好，形成良性循環，最後他們與其他學生之間的差距便會縮小。因此這也屬於學校品質的層面。受能力刻板印象影響的學生必須在威脅感降低時，才能從高品質教學和資源中獲益。

4 別忘了在群體表現差異中，表現欠佳並非肇因於群體間的技能和知識差異，而是因為某個無法解釋的原因。

5 教育測驗服務社（ＥＴＳ）的研究人員，也就是為ＳＡＴ和ＧＲＥ等測驗出題的人，曾經試圖評估刻板印象威脅對於實際的標準化測驗表現有何影響。他們最繁重的工作可能是讓考生在進行微積分的大學先修課檢定考之前或之後，登錄自己的種族和性別。你可能會以為考生若在考試前寫出自己受刻板印象影響的身分，測驗時對刻板印象威脅的感受最深，也因此導致他們因為身分和關於身分的刻板印象而表現失色。事實上，這個研究中，在先修課檢定考之前登錄性別的女性，成績遠遠不如考試後才登錄的女性，但ＥＴＳ團隊說這個影響沒有「心理上的顯著意義」。後來，堪薩斯大學的兩名社會心理學家凱莉・丹納荷（Kelly Danaher）和柯蘭道重新分析數據，反駁了ＥＴＳ的結論。他們根據這個研究中顯現的影響規模，計算出如果考生一律在檢定考之後，而不是之前，登錄性別，那麼每年申請大學時有微積分學分的女性會多出兩千八百三十七人之多（共一萬七千人），她們錄取的機率也會比較高。黑人學生有同樣的趨勢，但未達傳統的統計顯著性。

然而，這些結果很難解釋，因為涉及一個嚴重的方法學問題：在真實生活中，像大學先修課檢定考這種利害關係重大的考試，不可能找到對照組，因為受刻板印象影響的學生在考試時絕不可能未感受到刻板印象威脅，自然就無法提供未受刻板印象影響的表現的基本比率，可以和那些受刻板印象影響又感受到威脅的學生的表現做比較。（對刻板印象威脅的實驗室研究而言，困難的不是為受能力刻板印象影響的學生製造刻板印象威脅，而是要設法讓這些學生在與刻板印象相關的測驗中不感受到刻板印象威脅。這在真實的考試情境中幾乎不可能做到，因為你無法掌控考生對考試的詮釋有多真實。）由於大學先修課檢定考的利害關係太大，不管是在考前或考後讓考生登錄自己受刻板印象影響的身分，所有受刻板印象影響的考生還是都可能感受到極大的刻板印象威脅。因此這個實驗比較的兩組受試者，極可能都感受到了刻板印象威脅，而且是很大的威脅，這樣的比較結果根本無法顯示刻板印象威脅本身對表現的破壞影響程度。

正因如此，葛雷格和史蒂芬研究出的策略才如此重要。這是截至目前為止，最能夠解釋刻板印象威脅對真實測驗有何影響的證據，也揭露了這些測驗始終低估了抽樣學生中受能力刻板印象影響者的真正技能——我之前已解釋過，這是個隱藏的事實，因為刻板印象威脅壓抑了學生在早期測驗和後期成績的表現。

第十章　我們之間的距離：身分威脅的角色

「西南航空頭等座位」現象：隔離者之國

雪若・凱辛（Sheryll Cashin）的《融合失敗》（*The Failures of Integration*）是一部發人深省的著作。她在書中分享了她與丈夫（兩人都是非裔美國人）私下對於搭乘西南航空所開的一個玩笑。西南航空會讓乘客依先來後到的順序登機，他們要是晚到，就會希望能坐到他們所謂的「西南航空頭等」座位。他們會期望有個年輕、黑皮膚的非裔美國男子排在隊伍前面，登機後又選擇一個離出口近且舒適的前排座位。凱辛寫道：「雖然這個黑人坐的位子很前面，是熱門座位，但他旁邊的位子八成會空出來。而我總是欣然占據這個便利座位，對其他不舒適的乘客心懷感激，也很驚訝他們竟然為了自身的社會限制，寧可放棄這樣的好處。當我一屁股坐下來，立刻對身邊的黑人兄弟露出熱情微笑。」（頁一三）

為何會出現「西南航空頭等座位」？完全是出自白人乘客的成見嗎？也許他們對於坐在黑人乘客旁邊有一種種族的嫌惡感？或者一部分原因在於本書的討論重點：身分的困境？也就是我認為讓泰德深陷於非裔美國人政治學課中的那個困境。這些可能造成「西南航空頭等座位」的原因都不一樣，對於該怎麼做才能紓解群體間的緊張關係、拉近群體間的關係，也有不一樣的暗示。

以身分威脅來解釋，不一定要歸因於白人的偏見。只須假設他們的憂慮和泰德一樣就夠了：擔心自己所說、所做，甚至所想，可能讓別人覺得他們有種族歧視，或是擔心與黑人乘客的互動中被認為有種族歧視。這個解釋法是從行為者的觀點來看，也就是我們試圖解釋其行為的人，例如做數學測驗的女性或少數族裔，或者在這個案例中，則是放棄黑人乘客旁邊座位的白人乘客。根據今日的禮節標準，這些白人乘客多半應該是努力不表現出種族歧視，而諷刺的是，這番努力可能會讓他們去避免像這種坐在黑人乘客旁邊的情形，或者根據上一章討論的問題，他們甚至可能會避免在少數族裔學校任教或是擔任少數族裔學生的指導老師。這個身分壓力在隔離美國人的同時，可能會讓人對於上一章提到的干預策略興趣缺缺，更遑論試著將策略應用於實際環境。

這個身分威脅的主張解釋了「西南航空頭等座位」的原因，並提出菲利浦·高夫（Philip Goff）想探討的另一個「實證問題」。菲利浦是我實驗室裡一個聰明又充滿活力的新進研究生，長久以來一直在思考這些問題，也將我導向那個方向。我們的目的是想知道刻板印象威脅除了影響表現之外，是否也是造成社會不同群體間關係緊張的一般原因——這種緊張關係可能造成美國人的分裂。

但美國人至今仍然分裂嗎？想想那些由來已久、將美國人互相隔離的因素，有許多在今天看來似乎已經比較不明顯了。例如，二次大戰後至今，美國人對於不同種族的態度不斷變得更加包容。同一段時期內，幾乎各方面的美國生活都有越來越多元化的參與情形，從體育界和娛樂圈，到高級行政主管的圈子，當然還有最近（二〇〇八年）的美國總統選舉。投射在媒體上的美國，多元化得令人稱羨。那麼美國人依然四分五裂嗎？當菲利浦和我通盤檢視，為這個問題尋找更確切的證據時，群體間和諧的意象邊緣開始龜裂，甚至開始出現一些嚴重裂痕。而這些裂痕不完全與種族有關。

《紐約時報》專欄作家大衛・布魯克斯（David Brooks）的新作《天堂路》（*On Paradise Drive*），讓我們注意到一個普遍的問題。美國人的小圈圈越來越多、越來越小，圈子裡都是高度相似的人，而造成這些圈子的因素遠遠不如種族因素重要，而是大多反映出我們追求的生活型態和政治偏好。布魯克斯帶著讀者從較貧窮的內城區出發，往外一路行駛過內環郊區、高收入專業人士社區和移民聚居區，直到「遠郊區」和鄉間地區。他將這些社區形容為孤立的「文化區」。每個區裡的人對其他區的人了解不多，即使相鄰的區也一樣。他如此寫道：

> 人類總能分辨出細微得驚人的社會差異，然後根據這些差異來塑造自己的生活。在華盛頓特區，民主黨籍的律師大多住在馬里蘭州郊區，而共和黨籍的律師則大多住在維吉尼亞州郊區。如果請一個民主黨籍律師從馬里蘭州畢士達（Bethesda）一棟七十五萬美金的獨棟住宅〔二〇〇三年秋天的價格〕，搬到維吉尼亞州大瀑布市（Great Falls）一棟七十五萬美金的獨棟住宅，她會覺得這就像是叫她買一輛裝設

了槍架的小貨車，還要她把菸草塞進孩子嘴裡。在曼哈頓，價值三百萬美金的蘇活區Loft公寓屋主，如果搬到了第五大道上價值三百萬美金的公寓，同樣會覺得不得其所。

布魯克斯進一步指出美國人遷移得十分頻繁，也就是說我們比其他社會的人更容易離鄉背井，甚至搬到遙遠的地方。於是我們有許多機會選擇在哪裡生活，因而有許多機會尋找自己的文化區，長時間下來，就會使得這些區裡的人越來越相似，區與區之間越來越隔離。就這樣，我們成了一個隔離者之國。

有時候，這個隔離涉及種族。

有時我會想，在民權運動的意義上，美國人的功勞被貶低了——我們公開立法，為了達到近乎全面的種族融合社會的理想而努力。我不知道還有哪個社會如此明白地肯定這項價值，一九五四年「布朗訴教育局案」（*Brown v. Board of Education*），最高法院裁定廢除種族隔離，便是我們的一大成就。但就在布朗案過後不到兩年，最高法院的另一個裁決賦予校區在執行上更寬容的標準，沒有硬性規定期限，而是要求「儘快」。一九七四年，法院裁決不得以擴及整個都會區的種族隔離廢除計畫，做為市內與郊區學校種族融合的手段。對於市區以少數族裔為主、郊區則多為白人的城市而言，有了這項裁定，種族隔離的廢除基本上已是不可能。自從一九五四年的裁決之後，反對校車接送的抗議和相關訴訟始終未曾間斷。

根據哈佛民權計畫（Harvard Civil Rights Project）所述，隨著時間推移，美國的學校不斷在恢復種族隔離。美國國內註冊學生超過兩萬五千人的一百八十五個校區當中，絕大多數的種族隔離情形，二〇〇〇年都比一九八六年明顯，而且差異甚大。例如，明尼亞波利斯的廢除種族隔離計畫停止後，與黑人同校的白人學生比例，二〇〇〇年比一九八六年下降了百分之三十三。少了廢除種族隔離計畫後，學校也變得和鄰近社區一樣隔離。而這些社區的隔離情形始終非常明顯，尤其是白人社區。二〇〇〇年的人口普查結果顯示，白人住的社區平均會有百分之八十的白人和百分之七的黑人，而黑人住的社區平均則有百分之三十三的白人和百分之五十一的黑人。這種情形在郊區和在市區都一樣。如果想要重新調整大多數美國城市，使得人民居住地不再受種族因素影響，就得移動百分之八十五的黑人人口。歷史依然與我們同在。

面對這樣的數據，菲利浦和我覺得我們的背景問題已得到答案。隔離以及許多層面的人類差異，依然是美國生活的一大特色。這其中包括種族隔離、美國社會的電視形象，甚至於總統選舉。

然而，可能有人會問：「那又如何？」隔離趨勢有什麼好擔心？美國是個自由國家。如果依群體身分隔離不會造成傷害，想要隔離又有何不可？

關於這個議題，經濟學家格倫·洛瑞（Glenn Loury）在新作《剖析種族不平等》（*The Anatomy of Racial Inequality*）中指出有趣的一點。他說一個人是否將族群隔離視為問題，主要得看他對人性做了什麼樣的假設。有一個觀點是，人多少是獨立行動者，可以自由選擇機會，而每個人在社會中能得到的機會或多或少是相當的。若有這樣的假設，隔離應該不會有太大影響。你獲得的人生機會主要關乎你自己的選擇、決心、天分等等。所以何必擔心族群隔離？隔離或許意味著你比較不那麼見多識廣，卻與社會公平性沒有太大關係。

另一個觀點在社會學上特別容易看到，認為人雖然能夠獨立選擇，但在社會中畢竟還是有一個位置，人的生活都坐落在社會中社會、經濟與文化結構的某一處，也坐落在構成社會的人際關係網絡中。出生在肯塔基東部山區一個低收入的阿帕拉契家庭，與出生在芝加哥北部郊區的高收入家庭，在社會的機會結構中已經有不同的起點。不同的位置會給人不同的資源，讓人有不同管道獲得技能、知識、機會和人生機運等等「社會資本」。隔離會影響位置。當人依據社會階級、種族或宗教信仰等特質聚集或隔離，就會影響到他們所能得到的資源和社會資本。誠如洛瑞所說：「機會順著這些社會網路的神經突觸移動。」（頁一〇一）有不少證據支持他的說法。

例如，一九七〇年代初，社會學家馬克．格蘭諾維特（Mark Granovetter）向麻州紐頓（Newton）的數百名專業人士，詢問他們如何找到工作。百分之五十六是透過朋友。只有百分之十九是看了徵人啟事，另外只有百分之二十是直接申請。社會學家南西．狄托瑪索（Nancy DiTomaso）最近進一步擴大了這個調查方向。她詢問紐澤西、俄亥俄和田納西三州，兩百四十六名年紀介於二十五歲至五十五歲的人，在他們所有做過的工作中，有沒有從認識的人口中聽說過工作機會，有沒有某個人替他們「說過好話」，有沒有認識的人雇用過他們。就一般工作而言，她發現有百分之六十至九十的受試者曾受益於這類「社會資本」，而且有百分之九十八的受試者至少有一個工作是得利於至少一項上述優勢。但狄托瑪索的受試者大多沒有意識到自己的優勢：「許多接受面談的人都說沒人幫助他們。例如，紐澤西一位勞工階級男性透過父親的關係進入工會，然後經由朋友幫助找到一份較穩定的工作，但他說：『是我自己得來的嗎？對，這是我努力的結果。絕對是。誰也沒給我什麼。什麼都沒有。』」在解釋自己的幸運時，我們可能會記得自己的辛苦，而對於社會資本網路提供的優勢卻有點太健忘了。

當然，不是所有網路的建立都是平等的。看到處於較富裕的位置和網路中的人比處於較不富裕的位置和網路中的人，更能輕易得到較好的教育、工作、醫療照顧等等，相信誰也不驚訝。想想我稍早提到的，出生於肯塔基東部低收入的阿帕拉契家庭，相對於出生於芝加哥富裕郊區的高收入家庭。想想身為黑人的卜若雅相對於身為白人的卜若雅。這些人的位置有一個不同的地方就在於位置所提供的網路，而在這些網路中，各種機會、能讓人在社會中成功的重要技能和知識的取得、與對的人接觸的管道等等，各不相同。這說明了看似普通的結交偏好可能有極大影響，會影響到誰能獲得有利的網路，而誰得不到。

這是洛瑞的推論，他由此提出一個令人驚訝的主張：日常的結交偏好使得美國人會在生活中依據種族建構網路和位置，也就是依據種族建構居住模式、學校教育、交友網路等等，相較於直接歧視黑人，這些可能是造成種族不平等更重要的原因。他的意思不是說種族歧視已經結束，他只是強調偏好的重要性，因為偏好將黑人排出了能夠使他們收入更豐的網路和位置。

他舉出一些關於這些偏好的例子：

一九九〇年，二十五歲至三十四歲的已婚人士裡，嫁給盎格魯白人男性的女性，在亞裔女性當中約有百分之七十，拉丁裔美國女性為百分之三十九，但黑人女性中只有百分之二……種族混合的教會已經罕見到可以上新聞頭版。住在貧民區的黑人青少年文化隔閡太嚴重，學者發現即使地理位置相距遙遠，他們的言語模式仍相當一致，而這個慢慢發展出來的方言卻與僅僅數英里外的貧窮白人的用語越來越不相同。沒有孩子的白人夫妻會遠赴哥倫比亞和中國收養孩子，但出生在貧民區的孤兒仍然無父無母。（頁七六）

要再舉一個例子的話，我忍不住想起第二章提到的調查結果，一九九〇年代初，走在密西根大學校園的黑人學生最好的六個朋友當中，平均只有三分之二個白人，而白人學生的黑人朋友更少。美國人的結交情形顯然有一個種族結構。

（回想一下第四章提到的「極小群體」研究，所有群體都有**內團體**結交偏好，無論是比較無權無勢者，或是比較有權有勢者。因此，如果進入更具優勢的網路需要利用外團體的人際關係，也就是說如果較居劣勢者必須與較具優勢的外團體建立關係，這些內團體偏好可能會形成阻礙。如此說來，已經置身於優勢網路中的人，理所當然更能夠決定讓誰進入網路中。）

整理這些資料時，菲利浦和我越來越懷疑群體偏見並不是群體結交偏好的唯一原因。我們心想，在隔離美國人這件事情上，在西南航空頭等座位事件上，身分威脅的影響是不是沒有我們認知的那麼重大。

但我們也知道種族間的互動經常是十分自在的。從我辦公室的窗戶看出去，可以看到三五成群的學生來來去去，一群人裡頭往往混雜不同種族，而且彼此的互動輕鬆。也許是話題的關係。他們有很多話題讓白人不覺得有印證種族歧視刻板印象的風險，例如籃球校隊的命運。另外有些話題便無法保障這種安全感，譬如警察在市區攔阻黑人大學生的職責，或是某個學生給少數族裔小學生當家教的失敗經歷等，這時候身分威脅就可能趁虛而入，增加互動上的緊張感。

迴避汙名：偏見非起因，擔心被認為有偏見才是關鍵因素

可是這一切要怎麼驗證？要怎麼驗證身分威脅在跨種族互動中扮演的角色？我們需要一個方法來評量身分威脅對於結交偏好的影響。試想你是個白人，正在牙科診所等著看醫生時，有兩個黑人病患進來，在你旁邊坐下。你們開始交談。起先只是同病相憐地聊著牙疼話題，接著轉向政治，聊著聊著便談到種族貌相判定，這是你的談話對象非常關心的議題。他們認為自己有此經驗。就在這時候，你被叫進診間。但你進入時，醫生先去為另一名病患結束治療。於是你又回到候診室。你原來的座位有人坐了，但空出另外兩個座位，其中一個在先前與你交談的那兩人旁邊，他們還在討論種族貌相判定，而另一個座位離得比較遠，讓你可以和這個對話保持安全距離。

重新加入談話，可能讓身為白人的你置於刻板印象威脅中。也就是說，關於這個敏感話題，你可能一不留神就會說出什麼話，讓別人以刻板印象看待你。假如這種身分威脅影響到結交偏好，你可能會坐離這個危險的對話稍遠一點。但假如身分威脅對這類偏好影響極小，你可能會直接坐在他們旁邊繼續聊下去。

你會坐哪個位子呢？

這樣的情境也許能驗證在不受到任何偏見影響下，身分威脅能否影響一個人與其他群體結交的偏好。從簡單的座位選擇就能看得出來。菲利浦和我為了在實驗室設立這種情境，討論過很多方法，並試行過其中幾個，最後找到以下方法。

我們將史丹佛白人男性學生，一次一個帶進實驗室，向他們解釋我們要做關於社交溝通的研究，請他們和另外兩名學生交談，而那兩名學生正在同一條走廊上的其他房間填問卷。我們為每個受試者拍一張拍立得照片放在桌上，兩邊分別放置另外兩名對話同伴的拍立得照片，讓他們先熟悉對方。從照片可以看到他們的對話同伴是黑人。接下來，一半受試者得知談話主題是「愛與關係」，另一半則得知談話重點放在比較敏感的「種族貌相判定」話題。

於是我們有了兩組白人受試者。一組等著和兩名黑人談論愛與關係——在試測調查中，男學生認為這是他們能和不同群體的人自在談論的話題。他們似乎不覺得談這個話題，會說出什麼話讓人誤會他們有種族偏見。另一組等著和兩名黑人談論種族貌相判定——同樣的試測調查顯示，這個話題會讓這些學生非常不自在，將他們置於刻板印象威脅中，就像我舉的牙科診所的例子。這個威脅足以影響這些受試者的群體偏好嗎？

我們利用一個簡單的方式評量這些偏好。受試者得知自己的交談話題之後，主持實驗者會說他現在去帶那兩位參與者來，讓他們開始對談。臨走前，他指著角落裡胡亂擺放的三張椅子說：「能不能麻煩你把那三張椅子擺好，然後你自己選個位子坐下？」接著受試者便起身去擺椅子。等他擺好之後，實驗基本上就結束了。

你可能已經猜到，我們真正感興趣的是受試者如何擺放椅子，尤其是他擺放自己椅子的位子，距離那兩名黑人談話同伴的椅子多遠。受試者的椅子與兩名黑人對話同伴的椅子各距離多遠，這是我們評量結交偏好的依據。我們推測這兩個距離越大，就像在牙科診所選擇的位子越遠，他們預期的對話氛圍越不自在。

如果預期和兩名黑人學生談論種族貌相判定，會為白人學生帶來夠大的刻板印象威脅，讓他寧可與黑人少一點交談，那麼預期這番談話的學生應該會比預期談論愛與關係這種無害話題的學生，把椅子擺得離黑人同伴更遠。他們的行為舉止應該會像西南航空班機上避開黑人乘客的白人乘客。事實也是如此。預期談論愛與關係話題的受試者，將三張椅子擺得很近。而預期談論種族貌相判定話題的受試者，雖然把兩名同伴的椅子擺得很近，自己的椅子卻擺得比較遠。

有趣的現象。但任何人和陌生人談論種族貌相判定都可能不自在，這是個敏感話題，也許正因為如此，受試者得知這是他們的交談話題後，才會坐得離對話同伴較遠。為了檢視這個可能性，我們又找來兩組白人男性受試者，一組和之前一樣，預期的是愛與關係的話題；另一組和之前一樣，預期的是種族貌相判定的話題。不過這次實驗開始時，兩組人在照片上看到的交談同伴是白人，不是黑人。與白人學生談論種族貌相判定所引發的刻板印象威脅，應該不會像和黑人學生談論同樣的話題那麼大。結果很清楚：無論話題為何，這兩組白人受試者都把椅子擺得很近。白人受試者之所以拉開與黑人同伴的距離，不單純只是因為種族貌相判定話題。但我們能否確定讓他們拉開距離的原因，真的是擔心會印證白人的刻板印象呢？

為了找出答案，我們評量了受試者擺放椅子之前的心思。我們用的是約書亞和我之前用過的方法，讓他們填寫八十個不完整的單字，其中有十個字可以填成與白人的刻板印象相關的單字，也可以填成無關的字。例如，「rac_t」可以填成「racket」（球拍）或是「racist」（種族主義者）。這種測驗與羅夏克墨漬測驗（Rorschach test）一樣，能夠評量出一個人的潛意識。我們看到一個有趣的結果。預期要和白人同伴談話或是和黑人同伴談愛與關係話題的受試者，填出刻板印象單字的字數並未隨著與同伴之間的距離增加。反觀那些預期與黑人同伴談論種族貌相判定話題的受試者，填寫的刻板印象單字越多，就坐得離同伴越遠。

從這裡可以知道，預期與不同種族的人談論敏感的種族話題，讓白人受試者在意起「白人是種族主義者」的刻板印象。而他們越在意這個刻板印象，就會越遠離黑人談話同伴。因為擔心被冠上刻板印象而使他們拉開了距離。

但是還有另一個解釋。還記得之前那個問題嗎：造成西南航空頭等座位的原因是身分威脅還是舊式偏見？這裡是同樣的問題。當話題是種族貌相判定，白人受試者之所以遠離黑人同伴是因為我們所猜測的身分威脅，還是因為偏見？也許在這一組人當中，越有種族偏見的受試者會坐得離同伴越遠，反映出他們的偏見，因此越要擔心被人認為有偏見。

我們又做了另一個實驗。過程基本上和前一個實驗一樣，只不過這次在實驗開始前二十四個小時，我們先評量了受試者究竟有多大的種族偏見，而且評量的是他們有意識和下意識的偏見。有意識的評量使用「現代種族主義問卷」（Modern Racism Questionnaire），下意識的評量使用「內隱態度測驗」（Implicit Attitude Test）。內隱態度測驗能評量一個人對某個群體（即本例中的非裔美國人）的下意識或內隱態度，它依據的原理是：我們認知到較弱聯想所需的時間比認知到較強聯想所需的時間長——例如，小布希總統與流行歌手麥可．傑克森引發的聯想，只是同一時期的公眾人物，屬於較弱聯想，而經典喜劇雙人組勞萊與哈台則屬於較強聯想。因此，如果相較於黑人與正面事物的聯想，如黑人與成功事業，我們更快認知到黑人與負面事物的聯想，如黑人與犯罪，又如果我們對白人的聯想認知恰恰相反，就表示我們對黑人有內隱的負面聯想。換句話說，在下意識裡，我們對他們的聯想比對白人的聯想負面。（這個有趣的測驗是社會心理學家安東尼．格林華德〔Anthony Greenwald〕和瑪札琳．貝納基〔Mahzarin Banaji〕

開發出來的，讀者可以造訪www.implicit.harvard.edu網站自行測試。）內隱態度測驗是根據一個人對電腦螢幕快速出現的刺激產生反應的時間，因此很難偽造。

做了這些評量後，我們發現結果和第一次一樣。預期要談論種族貌相判定話題的白人受試者，與黑人同伴的座位距離，比與白人對話同伴的座位距離遠。（這次的實驗中，受試者預期的談話同伴只有一人。）

最重要的是，偏見較大的受試者並沒有比偏見較小的受試者坐得離黑人同伴更遠，無論是以現代種族主義量表評量有意識的偏見，或是以內隱態度測驗評量下意識的偏見，結果都是如此。這是個具啟發性的發現。在這個實驗中，偏見不會影響疏遠的距離。老實說，我們抽樣的一流大學學生都不是極具偏見，但測驗出來，還是有些受試者比其他人更具偏見，只是這些偏見的差異不會影響他們與即將談論種族貌相判定的黑人同伴之間的座位遠近。

真正影響他們與黑人同伴坐得多近的因素，正是第一個實驗裡的影響因素：他們有多擔心自己印證「白人是種族主義者」的刻板印象。在這次實驗裡，我們還是用第一次的方法，也就是填字法，來衡量他們這方面的擔憂。當白人男性受試者預期要和黑人談論種族貌相判定，會擔心自己印證這個刻板印象，而他們越擔心，坐得就越遠。

他們會坐得離黑人同伴更遠，不是偏見造成的，而是害怕被當成種族主義者，原因就這麼簡單。這便是刻板印象威脅，是他們在那個情境中的白人身分隨因狀況。泰德在非裔美國人政治學課堂上感到高度不自在、至少有一些白人乘客為凱辛讓出西南航空頭等座位、白人教師難以為成績差的少數族裔學生投注心力，這些情形很可能都是上述威脅造成的。畢竟誰想自找麻煩呢？

刻板印象威脅就是我們國家歷史滲透到日常生活中的一種方式。歷史留給我們關於社會群體的刻板印象，當我們置身於適用這些刻板印象的情境中，例如搭飛機時坐在黑人旁邊或是與少數族裔學生互動，別人就會用這種印象來評斷我們個人。處於那個情境中的白人不會希望別人用「對種族無感」的白人刻板印象看待自己。至於黑人則不會希望別人用「有攻擊性」或「對偏見太敏感」等黑人刻板印象看待自己。無論黑人或白人，恐怕都不願意在長途飛行旅程中，或者更為人所知的例子是在學校餐廳裡，對抗這種感受。他們只想吃頓午餐或是抵達克里夫蘭，於是迴避便成了最簡單的解決之道。

在公開場合面對這些刻板印象所形成的壓力，也許是導致「美國人對種族高度不適」或是導致「美國人對更廣泛的差異高度不適」的主要原因。布魯克斯告訴我們，這種不適感讓美國人越來越根據「人類差異」組織社群，而對於人類差異的劃分也越來越細。我們可能會試著組織自己的住處、職場和學校，以便達到迴避目的。可是隨著人口日漸多元化，加上美國承諾人人機會平等，迴避策略可能會失敗。我們可以逃跑，但可以藏起來嗎？

菲利浦和我截至目前所做的推論，有一個不甚樂觀的暗示。即使魔法棒一揮，趕走了我們社會中所有的偏見，仍有壓力將我們隔離開來。不過還有一個更不樂觀的結論：除了這個壓力之外，美國人還有丟下問題一走了之的傾向（如布魯克斯所說，每年有百分之十六的美國人會搬家），往隔離方向前進的動力就更大了。

標籤隨時可能貼在每個人身上：學習拉近距離

這是一條相當黑暗的隧道，但後來又有先前介紹過的保羅加入，與我及菲利浦一起做了一個實驗，尋找隧道盡頭的亮光，亦即尋找一種心態，能讓人更輕易去接近與自己不同的人。

我們根據卡蘿的邏輯推論，白人學生與黑人學生談論種族貌相判定時所擔心的，也許是在談話中犯錯以至於印證了他們有難以改變的種族主義思維，因此才會逃避交談。若是如此，那麼將對話呈現為一個學習機會，應該就能拉近他們的距離。因為這表示談話中涉及的基本技能是可以學習，而不是固定不變的，也應該能消減這個情境中的些許憂懼感——說不定足以讓他們把椅子擺近一點了。

我們又把實驗的基本程序做了一遍。但是這次在留下受試者擺椅子、為談話做準備之前（也就是在實驗者假裝到走廊另一頭去接黑人談話同伴之前），實驗者給了受試者一個指令。他說，討論種族貌相判定話題難免會緊張，對每個人來說都不容易，要他們將對話當成學習經驗，也就是要他們盡量學習這個議題，更廣泛地學習如何與觀念可能不同的人談論敏感議題。

聽過這個指令後，白人男性受試者會將椅子放到離黑人同伴較近的位置，就和實驗中其他任何一組放的位置一樣近。他們擺放椅子之前在想什麼呢？填字測驗顯示，白人受試者有了學習做為談話的目標後，便不再擔心被當成種族主義者。這回他們填出的刻板印象相關單字（帶有種族主義意涵的單字），不再比那些未受刻板印象威脅影響的受試者多。

群體間的偏見依然是世界各地族群隔離的主因。光是教人抱著學習目的與不同群體的人互動，恐怕無法矯正所有的偏見。在這件事情上，沒有一勞永逸之道。

無論如何，這個發現還是帶來了希望。如果是身分威脅讓人彼此隔離、互動不自在，是身分威脅讓飛機上的乘客分開來坐，是身分威脅讓學生不敢與大量少數族裔學生修同一門課，是身分威脅讓老師在接觸一些少數族裔學生時可能感到遲疑，那麼以學習為目標或許會有幫助。有了學習做為目標，錯誤就只是錯誤，而不是象徵著無法改變的種族主義思維。

發現卡蘿這個以學習為目標的想法之前，我們經歷了幾次有趣的失敗。我們試圖找到一個指令，能讓等候著進行挑戰性談話的受試者將椅子挪近。首先，我們試著讓他們安心，告訴他們不會因為談話中說了什麼而遭到評斷，請他們盡量敞開心胸來說，不要害怕受指責。這個方法沒用，也許是他們不相信我們。預期要和黑人談論種族貌相判定的人，還是坐得遠遠的。接著，我們讓他們明白不同的觀點十分寶貴，希望能在這些談話中聽到各式各樣的觀點。這也行不通。椅子還是擺得很開，有時甚至比我們什麼都沒說的時候擺得更開。

在我們看來，這些策略很合理，是從以前看過的一些多元化訓練計畫中吸取而來，有時候還會應用在我們自己的課堂上。但這些做法有一個我們始料未及的後果：我們越是向受試者保證不會因為他們的發言而對他們有成見，他們就越擔心我們會。說是多疑也對，可是在心理學實驗，又或是多元化工作坊中，會覺得自己有可能遭評斷不是完全不合理。重點就在這裡。不管是白人在與不同種族互動的情境中，譬如與黑人同事談論種族貌相判定，或是任何群體遇到與自己負面刻板印象有關的情形，他們所感受到的刻板印象威脅都難以單憑口頭保證驅散。

要讓這類保證在課堂、職場或多元化工作坊中起作用，又或是要讓任何群體關係的技巧起作用，就得讓人相信不管自己所屬群體有什麼相關的負面刻板印象，他們都不會因此遭到批判，別人還是會看到他們的良善。這種信任感很難產生。第九章提供了一些建議，希望是能夠達成的方法。但這裡我要再次強調以學習為目標的重要性。當來自不同背景的人互動時以互相學習為目標，就會舒緩他們之間可能產生的緊張感，過失較為淡化。信任感就培養起來了。

刻板印象威脅是一個普遍現象，隨時可能發生在每個人身上。關於身分的負面刻板印象始終瀰漫在我們四周的空氣中。當置身於和這些刻板印象有關的情境中，我們知道別人有可能以這些印象來評斷或對待我們。假如我們對於正在做的事情投注了心力，就會心生憂慮，試圖想要證明刻板印象是錯的，或是盡量避免去印證它。我們會以反刻板印象的方式呈現自己，也會避開不得不對抗這種壓力的情形。這個壓力雖不是掌控了一切，卻持續不斷，且往往是在不知不覺中，組織我們的行為與選擇、我們的生活，例如我們在飛機上找座位時走了多遠，或是一場高爾夫球賽打了幾桿，或是智商測驗成績如何。我們自認為是獨立自主的個體，畢竟我們可以做選擇。但我們經常會忘記，這些選擇總是在特定情況下做出來的，而與我們的社會身分息息相關的壓力便是這些情況的元素之一。光是思考自己的經驗，很難體會到這一點。不過，誠如我在本書中一再主張的，正是這些壓力讓我們真切意識到自己的社會身分。

刻板印象威脅是一個明顯的生活現實。

第十一章　結論：以身分建立我們之間的橋梁

自從二〇〇八年十一月四日，歐巴馬當選美國總統——第一位非裔美國人總統——很多人都在談論美國社會是否已進入「後種族」時期，種族身分不再在我們的成功機會或人際關係中扮演重要角色。這是選舉本身激起的希望，而且擴及其他群體偏見。究其根本，大家是希望美國特質中的某個本質已經改變或進化，讓我們解脫偏見造成的不公，將這個問題拋到腦後，向前邁進。亞里斯多德認為物體墜落的速度不同是因為內在本質譬如「土元素」的關係，這些本質受地面吸引的力不同，因此影響到物體墜地的速度。我們似乎也認為可以藉由衡量某種內在實體，我們認為會造成種族、性別、階級和其他群體不公現象的內在實體，如群體間的偏見，來判定我們邁向身分平等的社會的進度。根據這個想法，假如測量指標降到零，就會有一個種族平等、身分平等的社會，一個公平的競爭環境、一個後種族社會。我本身也很想看到那個指標降到零。但那樣就意味著我們有一個後種族社會嗎？

本書的要旨是提供一個更廣闊的觀點，來探討社會身分如種族對我們和對社會有何重要性。我們探討的不只是其他人以偏見看待身分的態度，還有身分在重要環境中引發的隨因狀況。偏見很重要，它能塑造隨因狀況。但即使一個人一生從未遇見過懷有偏見的人，身分隨因狀況還是可能深深影響他，甚至於決定他的人生。

當我回顧自己身為非裔美國人的一生，發現與這個身分緊緊相繫的隨因狀況有一些改善。年少時的泳池規定限制已經取消，一九四〇年代末身為黑人的卜若雅，在紐約市可能面臨的令人窒息的限制也已不存在。情況已有所好轉。但別忘了，隨因狀況乃是源自於身分在一個社會的歷史和架構組織中扮演的角色，亦即它在社會的ＤＮＡ中扮演的角色，以及社會對那個身分有何刻板印象。就美國的種族問題而言，那個歷史及其傳承仍與我們同在。舉例來說，如前一章所提到，學校的種族隔離情形有增無減；今天平均每個黑人家庭與每個白人家庭的財富比例是十美分對上一美元，反映出種族從屬關係的漫長歷史，諸如此類。福克納（William Faulkner）說過一句名言：「過去還未蓋棺論定。事實上，它甚至尚未過去。」

其實，與種族相關的社會心理隨因狀況雖然不斷進化，卻十分頑強。以高等教育為例，直到一九六〇年代，非裔美國人最擔心的身分隨因狀況是因為種族身分的關係，無法申請到美國大多數大專院校，又或者即使申請到了，也會因為人數太少而受到隔離限制，以至於大大降低他們入學的意願。今日申請大學的黑人學生的生活中，幾乎已完全不存在這種隨因狀況。不過，誠如本書中檢視的研究顯示，在現今種族融合的院校中，尤其是那些充滿身分威脅線索的院校，可能會出現可怕的刻板印象和身分威脅，但不是像以往那樣將人完全排除在外，剝奪人生的機會，而是不當壓抑人的潛力。

在這些更多元化的環境裡，白人也可能遭遇頑強的身分威脅。現在他們經常會遇見黑人和少數族裔，表示他們經常有機會被人用負面的刻板印象評斷——就像我們在第十章看到的菲利浦、保羅和我做的實驗中表現出來的反應。

所以我們還不是後種族社會。我們的種族態度確實改進了，根據研究調查顯示，我們比較不反對跨種族婚姻、白人比較能適應黑人上司、有更多美國人樂於與不同種族的人比鄰而居，還選出了一位非裔美國人總統。但不是只有種族態度重要，生活中的隨因狀況也重要。不能只因為這些隨因狀況漸漸轉為社會心理學現象，就認為它們消失了。

本書的使命就是擴充我們對人類機能運作的了解，讓我們牢牢記住：人，特別是身處於身分融合情境中的人，不只要應付情境中的明顯任務，還得忙著評估威脅風險，保護自己不受到負面的評斷和對待。或許我們研究的主要發現是：一旦有可能被冠上負面刻板印象，就會激起人類這個保護本性，而一旦被激起，它就會介入取代此人的能力，甚至於讓他幾乎無力應付手邊的工作。研究顯示，人性的這一面如此被激發後，會影響到我們的思想、情緒、行為和表現，而且影響的方式與我們的內在特質、能力、動力等等無關，而這些影響是造就包括數學表現、與不同種族的人談話的興趣、打高爾夫等群體行為差異的重要原因。我們可以利用科學盡可能深入探索人的內心和思維，找出他們真正的偏見，卻可能忽略一個事實：在任何一天，他們的行為，例如對黑人的態度，主要還是取決於一個單純受刻板印象驅策的身分困境，只要是和他們身分相同的人多半會受這個困境影響。或者我們可以為女性做上千次測驗，評量她們的數學能力，卻忽略了在這個社會中，打從投身數學領域那一刻起，她們就承受著額外的身分威脅壓力，而且數學技能越傑出，壓力就越大，使得整個數學活動彷彿是在一個屬於其他群體的不友善地盤上進行。又或者我們還可以取得全世界每場重要田徑大賽的百米短跑成績，從中找出白人運動員的真正賽跑能力，卻可能忽略了事實上在美國，這些選手一開始加速奔跑就已經受到壓力，因為幾乎全民一致認同速度賽跑是另一個群體的領域。

這個發現讓我們對群體差異又多了一分了解。它沒有忽視內在，只是擴大了解釋的範圍。要不是擴大了範圍，你無法解釋下列現象：

- 為什麼將受試者對測驗的想法從能力鑑定測驗變成與能力鑑定無關的解謎任務，就能讓黑人在瑞文矩陣推理智商測驗中的表現，達到與白人同樣水準，完全消除了智商測驗中典型的種族差異？
- 或者為什麼將高爾夫任務的定義從評量「運動天分」變成評量「運動策略智能」，就徹底逆轉了白人與黑人受試者的表現排名？
- 或者為什麼在女性參加高難度數學測驗之前，讓她們想起傑出的女性典範，就能消除她們平常在測驗中表現不如技能相當的男性的現象？

- 或者為什麼將與兩名非裔美國人學生的對話描述成學習的機會，就能讓即將參與談論種族貌相判定話題的白人男學生把座椅拉近？

以上是我們的研究所暗示的主要方針：除非讓人在身分融合的環境中感到安全，不會陷入這些身分困境，否則無法縮小群體的成就差異，也無法讓不同背景的人一起自在融洽地工作。如果沒有做到這一點，人性的保護面就會支配個人和其資源。滿足這個安全需求不會完全解決這些問題，但若不關心這個安全需求，問題便無法解決。有鑑於此，我發覺到學會如何處理人性的這一面，尤其是在族群融合的環境中，對我們的教師、管理階級和領導階級而言，是一項越來越重要的技能。我們的社會環境日趨多元，若沒有這些技能，他們能否有效地發揮自己的功能就很難說了。

接著，本書的實用建議登場。這些建議只是初步敘述那個技能組合的內涵，為我概述過的那些挑戰提供一個樂觀的解決之道。內在特質很難改變，若是改變情境中的身分隨因狀況，改變暗示這些狀況的線索，改變詮釋這些線索的敘說，則會簡單一點。近年來這個研究所得到的實用結果，明白闡述了這一點：

- 改變給予重要回饋意見的方式，就能大幅改善少數族裔學生的動力和接受度。
- 改變一個群體在環境中的群聚效應臨界量，就能改善其成員在環境中的信任感、自在感和表現。
- 只須促使不同背景的學生進行跨族群對話，就能改善少數族裔學生在環境中的自在感和成績。
- 讓學生肯定自己最寶貴的自我感覺，尤其是少數族裔學生，就能改善他們的成績，甚至可以持續很長時間。
- 幫助學生建立一個關於環境的敘說來解釋他們的挫折，並投射出他們在環境中積極參與和成功的情景，就能大大改善他們的歸屬感和成就——若能在關鍵時刻做到這點，將會改變他們的人生方向。

但是不能說這些策略有效，就忽視結構上和其他方面的改變，這些改變同樣有助於扭轉社會中與種族、性別、階級及其他身分有關的劣勢，必須繼續強力關注。只不過處理生活中的身分威脅，便能有長足進步，這對於扭轉身分劣勢是一大助力。也許我們無法完全達成目標，但希望本書已經闡明藉由這個做法，我們離目標或許已近得超乎意料。而且假如不走這段路，根本到達不了目的地。

＊　＊　＊　＊

然而，美國人對於關注身分還是非常小心。無論這麼做能獲得什麼好處，真能比它造成的分裂更重要嗎？比方說對種族的利用，不就一直是我們社會最大的羞恥之一嗎？主要就是因為這樣，我們才那麼希望歐巴馬的當選能開啟一個後種族時代，將這份羞恥置於身後。就這樣的希望而言或許有點諷刺，因為歐巴馬本身呼籲各種身分的美國人團結起來，建立一個進步的時代，而不是呼籲一個後種族時代，也沒有將自己的當選解釋為實現後種族社會的象徵。相反地，他不只強調，還公開欣然地接受自己的種族及其他身分，著書說明這些身分讓他理解並融入自己的自我感覺，重要性不言可喻。他渴望有一個強而有力、發展成熟的種族身分。二〇〇八年三月十八日，正是他爭取民主黨總統候選人提名的競選活動如火如荼之際，當天他在費城發表一段著名的「種族演說」，以下是演說內容的一段節錄：

我的父親是來自肯亞的黑人，母親是堪薩斯州的白人。撫養我長大的是白人外祖父母，外祖父經歷過經濟大蕭條，並曾在二次大戰期間效力於巴頓將軍旗下，而外祖父身在海外時，外祖母在萊文沃思堡（Fort Leavenworth）的轟炸機生產線擔任作業員。我上過幾所美國頂尖學校，也住過全世界最貧窮的國家之一。我的妻子是非裔美國人，她身上流著奴隸與奴隸主人的血，這條血脈也傳給了我們兩個寶貝女兒。我有各種種族與各種膚色的兄弟姊妹、姪甥、叔伯和表親，散布於全球三大洲。我畢生都不會忘記，我的故事在地球上其他任何國家根本不可能發生。

在這段演說中，歐巴馬毫不掩飾自己的種族身分，而是欣然接受，他沒有宣揚一個「色盲」或後種族社會，而是指出構成這個社會和他本身的許多顏色。他將身分和他的多重身分擺出來，用以打造一座橋梁。在一個對身分抱持懷疑態度的社會裡，他這麼做似乎有違常理。的確，他的幕僚也勸他不要發表這篇演說。然而，此舉可能遠比他做的其他事情更讓美國的非黑人族群認同他為候選人，最終更認同他為總統。它為歐巴馬與廣大的美國選民之間，建立了一個共通點：我們都有不同身分，而且數量往往不少。儘管身分之間的差異極大，擁有某種身分的經驗卻大多與擁有另一種身分的經驗相似。他談論自己的多重身分，讓人民看到了這一點，他們不僅能看清自己的多種身分，還能藉由對自己的認識去了解其他人的身分經驗。這些自身的故事為歐巴馬與群眾搭起了橋梁，人民從他身上看見了自己，而諷刺的是，這個男人若沒有這些身分的故事，就只是一個尋常黑人罷了。

他的演說也讓人民對身分有更廣闊的了解，至少有潛在影響，了解到身分的根本並不在於那些無法改變、時時刻刻控制一個人性格的本質。儘管身分有其重要性，但人民從歐巴馬的經驗明白身分無法支配或代表整個人，身分是流動的，必須在相關情境中才能對我們產生影響。許多人在自己的經驗中體認到這個事實，見他開口證明這一點顯然心有戚戚。從這個角度看來，身分沒那麼可怕，沒那麼需要提防。事實上，探索身分說不定還有好處。歐巴馬很明顯地從探索身分中得利，他因此有了自覺和平常心，能夠洞察其他人的生活境況並感同身受，能與形形色色的人建立關係，也有處世的社會能力。以他為例，身分並非分割與威脅的來源，而是智慧的來源，了解一個複雜而多元化社會種種挑戰的智慧，他最終因為這種智慧成為最適合領導這樣一個社會的人。或許出乎所有人意外的是，他之所以化身為希望象徵，不是因為隱瞞身分，而是因為他強調身分。

但願本書有助於維續這個希望，哪怕只是小小助力。

參考文獻

第1章

Staples, B. Black Men and Public Space. (December 1986) *Harper's Magazine.*

Stone, J., Lynch, C. I., Sjomeling, M., & Darley, J. M. (1999). Stereotype threat effects on Black and White athletic performance. *Journal of Personality and Social Psychology* 77, 1213–1227.

第11章

Benbow, C. P., & Stanley, J. C. (1980). Sex differences in mathematical ability: Fact or artifact? *Science* 210, 1262–1264.

Benbow, C. P., & Stanley, J. C. (1983). Sex differences in mathematical reasoning ability: More facts. *Science* 222, 1029–1031.

Bentley Historical Library, University of Michigan. (2009). *University of Michigan Timelines: General Univer-*

sity Timeline. retrieved from http://www.bentley.umich.edu.

Bentley Historical Library, University of Michigan. (2009). *University of Michigan Timelines: Diversity at the University of Michigan*. retrieved from http://www.bentley.umich.edu.

Bombardieri, M. (2005, January 17). Summers' remarks on women draw fire. *Boston Globe*. Retrieved from http://www.Boston.com/bostonglobe/.

Hemel, D. J. (2005, January 14). Summers' comments on women and science draw ire: remarks at private conference stir criticism, media frenzy. *The Harvard Crimson*. Retrieved from http://www.thecrimson.com.

Hewitt, N. M., & Seymour, E. (1991). *Factors Contributing to High Attrition Rates Among Science, Mathematics, and Engineering Undergraduate Majors*. Report to the Alfred P. Sloan Foundation. Boulder, CO: Bureau of Sociological Research, University of Colorado.

Hewitt, N., & Seymour, E. (1997). *Talking about leaving: Why undergraduates leave the sciences*. Boulder, CO: Westview.

Jones, E. E., & Nisbett, r. E. (1972). The actor and the observer: Divergent perceptions of the causes of the behavior. In E. E. Jones, D. E. Kanouse, H. H. Kelley, R. E. Nisbett, S. Valins, and B. Weiner (eds.), *Attribution: Perceiving the causes of behavior*. Morristown, NJ: General Learning Press.

Peters, W. (producer and director). (1970). *Eye of the storm*. New York: ABC News, ABC Media Concepts.

Spencer, S. J., Steele, C. M., & Quinn, D. (1999). Stereotype threat and women's math performance. *Journal of Experimental Social Psychology* 35, 4–28.

Summers, L. (2005). Remarks at NBER Conference on Diversifying the Science & Engineering Workforce. Retrieved from http://www.president.harvard.edu/speeches/2005/nber.html.

Wilson, W. J. (1987). *The truly disadvantaged: the inner city, the underclass and public policy*. Chicago: University of Chicago Press.

Wilson, W. J. (ed.) (1993). *The ghetto underclass.* Newbury Park, CA: Sage.

第三章

Allport, G. (1958). *The nature of prejudice*. Garden City, NY: Doubleday.
NBA Seattle Supersonics. Retrieved from: www.nba.com/sonics/new/00401097.html.
Scott, D. M. (1997) *Contempt and pity: Social policy and the image of the damaged Black psyche*. Chapel Hill: University of North Carolina Press.
Steele, C. M., & Aronson, J. (1995). Stereotype threat and the intellectual test performance of African Americans. *Journal of Personality and Social Psychology* 69, 797–811.

第四章

Brooks, Tim. (2004). *Lost sounds: Blacks and the birth of the recording industry, 1890–1919*. Chicago: University of Illinois Press, 174.
Comer, J. (1988). Educating poor minority children. *Scientific American* 259, 42.
Comer, J. (2000). *Child by child: The Comer process for change in education*. New York: Teachers College Press.
Gates Jr., H. L. (1997). The passing of Anatole Broyard. In *Thirteen ways of looking at a Black man*. New York: Random House, 180–214.
Glass, I. (2000, July 28). *This American Life: Americans in Paris*, Episode 165. Washington D.C.: National Public Radio.
Maalouf, A. (1998). Deadly identities. Retrieved from http://www.aljadid.com/essays/DeadlyIdentities.html.
Maalouf, A. (2001). *In the name of identity: Violence and the need to belong*. New York: Arcade Publishing.
Mitgang, H. (1990, October 12) Anatole Broyard, 70, book critic and editor at the *Times*, is dead. *New York*

Times. Retrieved from http://www.nytimes.com/1990/10/12/obituaries/anatole-broyard-70-book-critic-and-editor-at-the-times-is-dead.html.

Rowland, Mabel. (1923). *Bert Williams, son of laughter*. New York: The English Crafters.

Tajfel, H. (1957). Value and the perceptual judgement of magnitude. *Psychological Review* 64, 192–204.

Tajfel, H., Billig, M., Bundy, R., & Flament, C. (1971). Social categorization and intergroup behavior. *European Journal of Social Psychology* 1, 149–178.

Tajfel, H., & Turner, J. C. (1979). An integrative theory of intergroup conflict. In W. G. Austin & S. Worchel (eds.), *The social psychology of intergroup relations*. Monterey, CA: Brooks/Cole, 33–47.

Tajfel, H., & Turner, J. C. (1986). The social identity theory of intergroup behavior. In S. Worchel & W. G. Austin (eds.), *Psychology of intergroup relations*. Chicago: Nelson, 7–24.

第五章

Aronson, J., Lustina, M. J., Good, C., Keough, K., Steele, C. M., & Brown, J. (1999). When White men can't do math: Necessary and sufficient factors in stereotype threat. *Journal of Experimental Social Psychology* 35, 29–46.

Croizet, J.-C., & Claire, T. (1998). Extending the concept of stereotype and threat to social class: The intellectual underperformance of students from low socioeconomic backgrounds. *Personality and Social Psychology Bulletin* 24, 588–594.

Drake, S. C., & Cayton, H. R. (1945). *Black metropolis: A study of Negro life in a northern city*. New York: Harcourt Brace.

Hess, T. M., Auman, C., Colcombe, S. J., & Rahhal, T. A. (2002). The impact of stereotype threat on age differences in memory performance. *Journal of Gerontology: Psychological Sciences* 57B, P3–P11.

McIntyre, R. B., Paulson, R. M., & Lord, C. G. (2002). Alleviating women's mathematics stereotype through salience of group achievement. *Journal of Experimental Social Psychology* 39, 83–90.

Pittinsky, T. L., Shih, M., & Ambady, N. (1999). Identity adaptiveness: Affect across multiple identities. *Journal of Social Issues* 55, 503–518.

Shih, M., Pittinsky, T. L., & Ambady, N. (1999). Stereotype susceptibility: Identity salience and shifts in quantitative performance. *Psychological Science* 10, 80–83.

第六章

Fullilove, R. E., & Treisman, P. U. (1990). Mathematics achievement among African American undergraduates at the University of California, Berkeley: An evaluation of the Mathematics Workshop Program. *Journal of Negro Education* 59 (3), 463–478.

Jones, V. D. (2009). The pressure to work harder: The effect of numeric underrepresentation on academic motivation. Unpublished doctoral dissertation, Stanford University.

Leavy, W. (April 1997) 1947–1997: The 50th anniversary of the Jackie Robinson revolution. *Ebony*, 52.

Nussbaum, A. D., & Steele, C. M. (2007). Situational disengagement and persistence in the face of adversity. *Journal of Experimental Social Psychology* 43, 127–134.

O'Brien, L. T., & Crandall, C. S. (2003). Stereotype threat and arousal: Effects on women's math performance. *Personality and Social Psychology Bulletin* 29, 782–789.

Treisman, P. U. (1985). *A study of mathematics performance of Black students at the University of California, Berkeley*. Unpublished report.

Treisman, P. U. (1992). Studying students studying calculus: A look at the lives of minority mathematics students in college. *College Mathematics Journal* 23, 362–372.

第七章

Ben-Zeev, T., Fein, S., & Inzlicht, M. (2005). Arousal and stereotype threat. *Journal of Experimental Social Psychology,* 41 (2), 174–181.

Blascovich, J., Mendes, W. B., Hunter, S. B., Lickel, B., & Kowai-Bell, N. (2001). Perceiver threat in social interactions with stigmatized others. *Journal of Personality and Social Psychology* 80, 253–267.

Blascovich, J., Spencer, S. J., Quinn, D. M., & Steele, C. M. (2001). African Americans and high blood pressure: The role of stereotype threat. *Psychological Science* 13 (3), 225–229.

Croizet, J. C., Desprès, G., Gauzins, M., Huguet, P., & Leyens, J. (2003). *Stereotype threat undermines intellectual performance by triggering a disruptive mental load.* Unpublished manuscript, Université Blaise Pascal, Clermont-Ferrand, France.

Dutton, D. G., & Aron, A. P. (1974). Some evidence for heightened sexual attraction under conditions of high anxiety. *Journal of Personality and Social Psychology* 30, 510–517.

James, S. A. (1993). The narrative of John Henry Martin. *Southern Cultures* 1 (1), 83–106.

James, S. A. (1994). John Henryism and the health of African-Americans. *Culture, Medicine, and Psychiatry* 18, 163–182.

James, S. A., Hartnett, S. A., & Kalsbeek, W. D. (1983). John Henryism and blood pressure differences among black men. *Journal of Behavioral Medicine* 6 (3), 259–278.

James, S. A., Keenan, N. L., Strogatz, D. S., Browning, S. R., & Garrett, J. M. (1992). Socioeconomic status, John Henryism, and blood pressure in black adults: The Pitt county study. *American Journal of Epidemiology* 135 (1), 59–67.

James, S. A., LaCroix, A., Kleinbaum, D. G., & Strogatz, D. S. (1984). John Henryism and blood pressure differences among black men ii: The role of occupational stressors. *Journal of Behavioral Medicine* 7 (3),

259–275.

Mendes, W. B., Blascovich, J., Lickel, B., & Hunter, S. (2002). Challenge and threat during social interaction with white and black men. *Personality and Social Psychology Bulletin* 28, 939–952.

Schmader, T., & Johns, M. (2003). Convergent evidence that stereotype threat reduces working memory capacity. *Journal of Personality and Social Psychology* 85, 440–452.

Steele, C. M., Spencer, S. J., & Aronson, J. (2002). Contending with group image: The psychology of stereotype and social identity threat. In M. P. Zanna (ed.), *Advances in experimental social psychology*. San Diego, CA: Academic Press, 34, 379–440.

第八章

Allmendinger, J. M., & Hackman, J. R. (1993). *The more, the better? On the inclusion of women in professional organizations*. Report No. 5, Cross-National Study of Symphony Orchestras, Harvard University.

Ashe, A., & Rampersad, A. (1993). *Days of grace*. New York: Knopf.

Davies, P. G., Spencer, S. J., & Steele, C. M. (2005). Clearing the air: Identity safety moderates the effects of stereotype threat on women's leadership aspirations. *Journal of Personality and Social Psychology* 88 (2), 276–287.

Inzlicht, M., & Ben-Zeev, T. (2000). A threatening intellectual environment: Why females are susceptible to experiencing problem-solving deficits in the presence of males. *Psychological Science* 11, 365–371.

Krendl, A. C., Richeson, J. A., Kelley, W. M., & Heatherton, T. F (2008). The negative consequences of threat: a functional magnetic resonance imaging investigation of the neural mechanisms underlying women's underperformance in math. *Psychological science: a journal of the American Psychological Society*, 168–175.

Murphy, M. M., & Steele, C. M. (in prep). *The importance of context: Understanding the effects of situational cues on perceived identity contingencies and sense of belonging*. Unpublished manuscript, Stanford, CA.

Murphy, M. M., Steele, C. M., & Gross, J. J. (2007). Signaling threat: Cuing social identity threat among women in a math, science, and engineering setting. *Psychological Science* 18 (10), 879–885.

O'Connor, S. D. (2003). *The majesty of the law: Reflections of a Supreme Court justice*. New York: Random House.

Purdie-Vaughns, V., Steele, C. M., Davies, P. G., Ditlmann, R., & Crosby, J. R. (2008). Social identity contingencies: how diversity cues signal threat or safety for African Americans in mainstream institutions. *Journal of Personality and Social Psychology* 94, 615–630.

Totenberg, Nina. (2003, May 14) Sandra Day O'Connor's supreme legacy: First female high court justice reflects on 22 years on bench. *All Things Considered*. Retrieved at http://www.npr.org/templates/story/story.php?storyId+1261400.

第九章

Ambady, N., Shih, M., Kim, A., & Pittinsky, T. L. (2001). Stereotype susceptibility in children: Effects of identity activation on quantitative performance. *Psychological Science* 12, 5, 385–390.

Aronson, J., Fried, C., & Goode, C. (2002). Reducing the effects of stereotype threat on African-American college students by shaping theories of intelligence. *Journal of Experimental Social Psychology* 38, 113–125.

Bok, D., & Bowen, W. (1998). *The shape of the river*. Princeton, NJ: Princeton University Press.

Cohen, G. L., Garcia, J., Apfel, N., & Master, A. (2006, September 1). Reducing the racial achievement gap: A social-psychological intervention. *Science* 313, 1307–1310.

Cohen, G. L., Steele, C. M., & Ross, L. D. (1999). The mentor's dilemma: Providing critical feedback across the racial divide. *Personality and Social Psychology Bulletin* 25, 1302–1318.

Cole, S., & Barber, E. (2003). *Increasing faculty diversity: The occupational choices of high-achieving minority students*. Cambridge, MA: Harvard University Press.

Dweck, C. S. (2006). *Mindset: The new psychology of success*. New York: Random House.

Dweck, C. S. (2007). The secret to raising smart kids. *Scientific American Mind* 12, 36–40.

Massey, D. S., Charles, C. Z., Lundy, G., & Fischer, M. J. (2002). *The source of the river: The social origins of freshman at America's selective colleges and universities*. Princeton, NJ: Princeton University Press.

Muzzatti, B., & Agnoli, F. (2007). Gender and mathematics: Attitudes and stereotype threat vulnerability in Italian children. *Developmental Psychology* 43 (3), 747–759.

Steele, C. M., Spencer, S. J., Hummel, M., Carter, K., Harber, K., Schoem, D., & Nisbett, R. (1997). *African-American college achievement: A wise intervention*. Unpublished manuscript, Stanford University.

Steele, D. M., Steele, C. M., Markus, H. R., Lewis, A. E., Green, F., & Davies, P. G. (2008). *How identity safety improves student achievement*. Manuscript submitted for publication.

Walton, G. M., & Cohen, G. L. (2003). Stereotype lift. *Journal of Experimental Social Psychology* 39, 456–467.

Walton, G. M., & Cohen, G. L. (2007). A question of belonging: Race, social fit, and achievement. *Journal of Personality and Social Psychology* 92, 82–96.

Walton, G. M., & Spencer, S. J. (2009). Latent ability: grades and test scores systematically underestimate the intellectual ability of negatively stereotyped students. *Psychological Science* 20 (9), 1132–1139.

第十章

Brooks, David. (2004). *On Paradise Drive: How we live now (and always have) in the future tense*. New York:

Simon & Schuster.
Cashin, S. (2004). *The failures of integration: How race and class are undermining the American dream*. New York: Public Affairs.
DiTomaso, N. (2006, August 11). Social Capital: Nobody Makes It on Their Own. Paper presented at the annual meeting of the American Sociological Association, Montreal Convention Center, Montreal, Quebec, Canada Online. Retrieved from http://www.allacadmic.com/meta/p103086_index.html.
Goff, P. A., Steele, C. M., & Davies, P. G. (2008). The space between us: Stereotype threat and distance in interracial contexts. *Journal of Personality and Social Psychology* 94, 91–107.
Granovetter, M. S. (1973). The strength of weak ties. *American Journal of Sociology* 78 (6), 1360–80.
Granovetter, M. S. (1974) *Getting a job: A study of contacts and careers*. Cambridge, MA: Harvard University Press.
Greenwald, A. G., McGhee, D. E., & Schwartz, J. L. K. (1998). Measuring individual differences in implicit cognition: The Implicit Association Test. *Journal of Personality and Social Psychology* 74, 1464–1480.
Greenwald, A. G., Nosek, B. A., & Banaji, M. R. (2003). Understanding and using the Implicit Association Test: I. An improved scoring algorithm. *Journal of Personality and Social Psychology* 85, 197–216.
Lee, C., & Orfield, G. (2007, August 29). School desegregation. Harvard Civil Rights Project. Retrieved from http://www.civilrightsproject.ucla.edu/research/deseg/reversals_reseg_need.pdf.
Loury, G. (2002). The anatomy of racial inequality. Cambridge, MA: Harvard University Press.

第十一章

Obama, B. Speech on Race (2009, March 18). *New York Times*.

臉譜書房 FS0076

韋瓦第效應

你的人生是不是被貼了標籤？別讓刻板印象框住，普林斯頓大學必讀心理學講義

作　　者　克勞德．史提爾（Claude M. Steele）
譯　　者　顏湘如
副總編輯　劉麗真
主　　編　陳逸瑛、顧立平
封面設計　廖韡

發 行 人　凃玉雲
出　　版　臉譜出版
城邦文化事業股份有限公司
台北市中山區民生東路二段141號5樓
電話：886-2-25007696　傳真：886-2-25001952
發　　行　英屬蓋曼群島商家庭傳媒股份有限公司城邦分公司
台北市中山區民生東路二段141號11樓
客服服務專線：886-2-25007718；25007719
24小時傳真專線：886-2-25001990；25001991
服務時間：週一至週五上午09:30-12:00；下午13:30-17:00
劃撥帳號：19863813　戶名：書虫股份有限公司
讀者服務信箱：service@readingclub.com.tw
香港發行所　城邦（香港）出版集團有限公司
香港灣仔駱克道193號東超商業中心1樓
電話：852-25086231　傳真：852-25789337
E-mail : hkcite@biznetvigator.com
馬新發行所　城邦（馬新）出版集團 Cité (M) Sdn Bhd
41, Jalan Radin Anum, Bandar Baru Sri Petaling, 57000 Kuala Lumpur, Malaysia
電話：603-90578822　傳真：603-90576622
E-mail: cite@cite.com.my

初版一刷　2017年11月16日

ISBN 978-986-235-630-2

定價：380元　　（本書如有缺頁、破損、倒裝，請寄回更換）

國家圖書館出版品預行編目資料

韋瓦第效應：你的人生是不是被貼了標籤？別讓刻板印象框住，普林斯頓大學必讀心理學講義／克勞德・史提爾（Claude M. Steele）著；顏湘如譯.--初版.--臺北市：臉譜, 城邦文化出版：家庭傳媒城邦分公司發行, 2017.11
面； 公分. --（臉譜書房；FS0076）
譯自：Whistling Vivaldi: How Stereotypes Affect Us and What We Can Do

ISBN 978-986-235-630-2（平裝）

1. 社會心理學 2. 偏見

541.7 106019182